KB253837

만남을 통해 복 주시는 하나님
-행복은 만남에서 오더이다 -

만남을 통해 복 주시는 하나님

-행복은 만남에서 오더이다 -

만남을 통해 복 주시는 하나님

이기승 지음

신교횃불

서 문

누군가 내게 모든 인간이 이 땅에서 한결같이 추구하는 것, 인간에게 가장 소중한 것을 한마디 말로 축약하여 말하라고 한다면, 나는 주저하지 않고 행복이라고 말하고 싶다. 세상에 "행복하고 싶지 않다"라고 말하는 사람은 한 사람도 없을 것이다.

그러면 모든 사람이 그토록 추구하는 행복을 어디서 찾을 수 있을까?

나름대로 행복에 대해 정의를 내리고 행복을 추구하는 삶의 방식과 내용이 다르겠지만, 나는 개인적으로 행복은 만남에서 온다고 믿는다. 물론 그 만남의 방식과 내용도 천차만별이겠지만, 나는 만남의 범주를 몇 가지로 정의하고자 한다.

첫 번째 만남은 부모와의 만남이다. 그리고 부모와의 만남은 '비선택적 만남'이다. 부모와 자식 사이에는 선택이 존재하지 않는다. 인간으로 이 세상에 태어나 존재하려면 그 누구도 부모를 선택할 수 없고 자신의 자녀를 선택할 수 없다. 그래서 이 만남을 천륜(天倫)이라 할까?

둘째로, 시기가 차면 우리는 배우자를 선택한다. 하기야 요즈음은 결혼에 대한 신념 혹은 가치관이 달라져 배우자를 선택하지 않고 홀로 삶을 짊어지려는 사람들이 늘어나는 추세이지만. 어찌되었건 배우자와의 만남은 '선택적 만남'이다. 에리히 프롬이 그의 책「사랑의 기술」*The Art of Loving*에서 말한 것처럼, 남녀 두 사람은 판단과 결단과 약속에 의해 처음부터 끝까지 의지와 공약의 행위인 결혼의 연대로 들어간다. 이것을 인륜(人倫)이라고 표현해도 좋을까?

셋째는, '필로스(phillos)적인 만남'이다. 이는 친구나 동료와의 만남이다. 인생을 살아가는 데 동료나 친구를 잘 선택하는 일, 선택한 친구들과 든든하고 신실한 우정의 관계를 맺는 일은 너무나 소중할 뿐 아니라 보람된 인생을 살아가는 데 있어서 큰 밑천이 된다.

마지막으로, '실존적인 만남(Existential encounter) 혹은 궁극적 만남(Ultimate Encounter)'이다. 이 만남은 하나님과의 만남 혹은 예수 그리스도와의 만남이다. 비선택적 만남인 부모와 자녀의 만남, 두 남녀 사이의 선택적 만남이나 필로스적인 만남이 그다지 만족하지 못하거나 설령 이 만남에 상처가 생기더라도, 만일 이 궁극적인 만남을 갖게 되면 우리는 행복한 존재일 수 있다. 'Qui a jesus a taut', 예수 그리스도를 가진 자는 모든 것을 가진 자이기 때문이다.

행복은 만남에서 온다.

그리고 살아계신 하나님은 만남을 통해 복 주신다.

2022. 4. 10
벚꽃이 휘날리는 봄날 아침에
이기승

|목 차|

1. 비선택적인 만남

"네 부모를 공경하라 그리하면 네 하나님 여호와가 네게 준 땅에서 네 생명이 길리라"(출 20:12)

"자녀들아, 주 안에서 너희 부모에게 순종하라 이것이 옳으니라. 네 아버지와 어머니를 공경하라 이것은 약속이 있는 첫 계명이니 이로써 네가 잘되고 땅에서 장수하리라"(엡 6:1-3)

"지혜로운 아들은 아비를 즐겁게 하여도 미련한 자는 어미를 업신여기느니라"(잠 15:20)

"아비를 구박하고 어미를 쫓아내는 자는 부끄러움을 끼치며 능욕을 부르는 자식이니라"(잠 19:26)

"너를 낳은 아비에게 청종하고 네 늙은 어미를 경히 여기지 말지니라"(잠 23:22)

"네 부모를 즐겁게 하며 너를 낳은 어미를 기쁘게 하라"(잠 23:25)

"아비를 조롱하며 어미 순종하기를 싫어하는 자의 눈은 골짜기의 까마귀에게 쪼이고 독수리 새끼에게 먹히리라"(잠 30:17)

"너희는 이르되 누구든지 아버지에게나 어머니에게 말하기를 내가 드려 유익하게 할 것이 하나님께 드림이 되었다고 하기만 하면 그 부모를 공경할 것이 없다 하여 너희의 전통으로 하나님의 말씀을 폐하는도다"(마 15:5-6)

부모와 자식의 만남은 **비선택적인 만남**이다.

부모나 자식, 그 어느 편에서도 이 만남을 선택하지 않는다. 부모는 자식을, 자식은 부모를 선택해서 만나지 않는다. 비선택적인 만남이지만, 어떤 면에서는 자연스런 만남(natural encounter) 또는 운명적인 만남(fatal encounter)이라고 말해도 무방할 것 같다. 서론에서도 언급했지만. 이 만남은 천륜, 즉 하나님의 섭리에 의한 것이다.

이 세상에서 부모님만큼 위대한 존재는 없다.

부모님은 우리의 '존재의 메트릭스'(metrix)다. 부모님이 안 계시다면 우리는 이 세상에 존재할 수 없다. 물론 궁극적으로 창조주 하나님이 우리를 지으시지만, 우리는 부모님을 통해서 세상에 존재하게 된다. 그래서 하나님이 주신 십계명 돌판에서 인륜(人倫)을 말씀하는 둘째 판 가운데 첫 계명은 "네 부모를 공경하라"이다. 이는 십계명에서 말씀하는 모든 인륜의 근본이다. 만일 부모를 공경하지 않는다면, 이는 먼저 창조주 하나님을 부인하고 거역하는 불경일 뿐 아니라 저를 낳고 길러준 부모님의 은혜를 저버리는 두고두고 씻을 수 없는 극악한 패륜이다.

우리가 부자 가정에서 태어나든 가난한 가정에서 태어나든, 학식 있는 부모에게서 태어나든 학식이 없는 무모에게서 태어나든, 사회적 명망과 권세가 있는 부모에게서 태어나든 그렇지 못한 부모에게서 태어나든, 모든 부모는 낳은 자식으로부터 존경과 사랑을 받을 자격이 있다. 부모가 자식을 다른 집 자식과 비교할 수 없듯이, 자식은 저를 낳아 길러주신 부모님을 다른 집 부모와 비교할 수 없고 해서도 안 된다. 부모는 있는 모습 그대로 자식들로부터 사랑과 존경을 받을 자격이 있다.

우리를 낳고 길러주신 어버이의 은혜는 푸른 하늘 그보다 더 높고 바다보다 더 깊고 넓다. 이 노래는 우리의 가슴 깊은 곳에 자리하고 있어야 한다.

> 높고 높은 하늘이라 말들 하지만,
> 나는 높고 높은 게 또 하나 있지.
> 낳으시고 기르시는 어버님 은혜,
> 높은 하늘보다 그보다도 높은 것 같아

부모는 하나님 대리자다.

부모를 공경하는 자는 하나님을 공경하는 자다. 왜냐하면 부모는 '하나님 대리자'이기 때문이다. 부모를 공경하지 않는 자는 하나님을 공경하지 않는 자다. 눈에 보이는 부모를 공경하지 않는 자가 어찌 눈에 보이지 않는 하나님을 공경하겠는가? 어불성설이다! 예수님은 "고르반" 딱지를 붙여놓고 부모를 섬기지 않고 자신들의 욕망과 배를 채우는 당시의 종교적 위선자들을 엄히 질책하셨다.

"너희는 이르되 사람이 아버지에게나 어머니에게나 말하기를 내가 드려 유익하게 할 것이 고르반 곧 하나님께 드림이 되었다고 하기만 하면 그만이라 하고 자기 아버지나 어머니에게 다시 아무 것도 하여 드리기를 허락하지 아니하여 너희가 전한 전통으로 하나님의 말씀을 폐하며 또

이같은 일을 많이 행하느니라 하시고"(막 7:11-13)

우리는 부모님과 이웃과 맺는 '수평적 관계'(horizontal relation)를 통해 하나님과의 '수직적인 관계'(vertical relation)에 들어간다. 수평적 관계를 무시하거나 떠나서는 결코 하나님과 올바른 관계를 맺을 수 없다.

사랑 없이 부모를 홀대하고 주변 사람들을 무시하고 깔보고 지배하려는 자들이 사랑의 하나님을 섬길 수 있을까? 사랑하지 않는 자는 하나님으로부터 나지도 않았을뿐더러 하나님을 알지도 못한다.

"사랑하는 자들아 우리가 서로 사랑하자. 사랑은 하나님께 속한 것이니 사랑하는 자마다 하나님으로부터 나서 하나님을 알고 사랑하지 아니하는 자는 하나님을 알지 못하나니 이는 하나님은 사랑이심이라"(요일 4:7-8)

어버이는 기다리시지 않는다.

시간은 유수(流水)와 같다. 시간이 흐르면서 노쇠하던 부모님은 생각지 않은 때에 훌쩍 자식들의 곁을 떠나신다. 떠나시는 부모님을 좀 더 붙들어두고 싶은 마음이 절절하고, 못다 한 효성을 발휘하고 싶지만, 먼 길을 떠나시려는 부모님은 영영 발길을 돌리시지 않는다. 그래서 이런 시조가 있다:

어버이 살아계실 때 섬기기란 다하여라

지나간 후면 애달프다 어이하리

평생에 고쳐 못할 일은 이뿐인가 하노라 (정철)

수욕정이 풍부지(樹欲靜而 風不持)하고

자욕양이 친부대(子欲養而 親不待)라(공자가어)

나무는 바람이 그치기를 원하지만 바람이 그치지 않고,

자식이 어버이를 공양하고자 하나, 어버이는 기다리시지 않는다.

부모님 돌아가신 후, 불효를 자책하며 제아무리 가슴을 치며 울고 불며 발버둥 쳐도, 가신 부모님은 다시 돌아오시지 않는다. 다른 일은 고쳐 행할 수 있을지 몰라도 부모님 봉양할 기회는 영영 자취를 감추고 만다.

여느 장례식장에 가보면 부모님의 시신 앞에서 평소의 불효를 자책하며 가슴을 치며 호곡하는 사람들을 많이 보게 된다. 어찌 그렇게 하나? 살아계실 제 좀 더 효도하고 봉양할 것이지…….

이렇게 말하는 나 자신을 돌아보면 부끄러울 일이 많다.

목회하느라고 아버지 임종도 못 했을 뿐 아니라 어머님 임종도 못 한 불효자식이다. 두 분 살아계실 때, 차남이지만 장자 노릇 하며 최선을 다해 섬기려고 힘썼고, 친척이나 주변 사람들로부터 효자라는 칭찬도 받았지만(아내는 부모님 모시느라 힘든 살림살이를 묵묵히 감내해 주었다), 실상은 그렇지 못한 불효자였다.

아버님이 위독하시다는 말을 듣고 당시 담임목사였던 은평교회 이병돈 목사님의 허락을 받아 고향으로 곧장 달려갔다. 2, 3일 동안 평소 좋아하시던 감자도 시장에서 사 와서 직접 삶아 드리고(어머님이 곁에 계셨지만), 몸도 씻어 드리는 등 돌보아 드렸는데 상태가 좀 나아지셨다. 그래서 목회지로 상경했는데, 상경한 다음 날 소천하신 것이었다. 다시 고향으로 내려가 차디찬 아버님의 얼굴에 손을 얹고 불효를 용서해 달라고 말씀드린 후, 아버님이 평소에 항상 부르시던 찬송을 생명 다하는 날까지 열심히 부르겠다고 약속했다.

어머니는 또 어떠랴?

병상에 누워계신 어머님 간호를 하다가, 그날 밤을 지새우며 간호해야겠다는 마음이 들었지만, 새벽기도를 인도하는 일을 사명으로 생각하고 섬기는 교회를 향해 심야(深夜)에 차를 몰았다. 부교역자에게 새벽기도를 부탁할 수 있었음에도. 직감은 따라야 했던 것이었던가?

다음 날 새벽기도를 마치는 대로 곧 어머님 계신 병원으로 달려가는

데, 한 간호사가 내게 전화를 걸었다. 어머님이 소천하셨다는 것이었다! 평소 나름대로 잘 모셨지만, 끝에 가서 자식의 도리를 다 못한 것이 지금도 가슴 아프기만 하다.

물론 세상 짐을 다 벗으시고 천사들의 손에 받들려 그리시던 천국에 입성하여 주님의 품 안에서 편히 쉬고 계실 부모님을 생각하면 안도의 숨도 내쉬기는 하지만, 내 삶에 잔잔히 드리운 그리움은 어떻게 잠재울까?…… '마라나타, 주여 오소서!' 영광의 주님 오실 때 그리운 부모님 뵙고 힘껏 포옹하리라!

자식에게 무엇을 물려줄 것인가?

모든 사람이 다 그런 것은 아닐지 모르지만, 내가 미국에서 잠깐 유학생활을 하면서 보고 안 것은, 많은 미국 시민은 재산을 자식들에게 유산으로 상속하기 위해 전전긍긍하지 않는다는 것이다. 평소 생활에서도 자식들을 돕기 위해 우리나라 사람들처럼 아등바등하지 않는다. 미국 유학생활 하는 동안에 나의 절친이 되어 준 브래들리(Bradly)는 부모님이 잘사시고 부인 제인(Jane)의 아버지는 유명한 변호사로서 잘사는 부유한 가정이었지만, 그들은 부모님에게 무엇을 바라지 않고 양가 부모님들도 그들에게 무엇을 주려고 하지 않으셨다. 브래들리는 방학 때는 페인트칠 하는 아르바이트를 했고, 이곳저곳 녹슨 데가 있는 덜덜

거리는 낡은 차를 몰고 다녔다.

내가 졸업한 게렛신학대학원(Garret-Theological Seminary)은 어떤 감리교 신자가 죽기 전에 기증한 막대한 돈으로 채플(Chaple)을 전면 수리하고 거대한 파이프 오르간(Pipe Organ)을 설치했다. 학생들에게 주는 그란트(Grant)도 성도들이 생애 마지막 기증한 돈으로 설치된 것이었다.

시편 기자는 이런 악인들을 대항해 달라고 하나님께 호소한다;

"그들은 주의 재물로 배를 채우고 자녀로 만족하고 그들의 남은 산업을 그들의 어린 아이들에게 물려주는 자니이다"(시 17:14)

재물의 주인은 우리 자신이 아닐진대, 하나님의 나라와 영광을 위해 쓰다가 남은(?) 재물을 자식들에게 유산으로 남기는 것보다, 교회나 사회에 환원하여 의롭게 사용하는 것이 하나님을 기쁘시게 하는 청지기의 자세다.

재물 소유의 '정당성'은 하나님의 영광과 하나님 나라의 지평을 넓히는 데, 즉 하나님께 드림과 이웃을 위한 나눔에 있다.

앞에서도 언급했지만, 나는 부모로부터 집 한 채, 땅 한 자락 물려받지 못했지만 '가장 위대한 유산인 신앙'을 물려받았다(가난을 합리화하려는 것이 아니다). 우리는 돈 많은 부모, 돈 혹은 재산을 많이 물려주는 부모가 되는 것보다 신앙의 명문 가정을 세우고 자녀들로 하여금 하나님을 경외하는 가운데 성실하게 일하는 신앙의 자녀로 세우는 데 온갖 힘을 기울여야 할 것이다.

부모는 자식의 청지기이며 자식에게 지대한 영향을 미친다.

이 만남에서는 자식이 부모에게 큰 영향을 미치기보다는 부모가 모든 면에서 자식에게 큰 영향을 미친다. 부모는 '자식의 거울'이기 때문이다. 부모의 신앙과 인생관, 가치관, 그리고 삶의 태도, 특히 부부 관계는 자식에게 의식적 무의식적으로 지울 수 없는 심대한 영향을 미친다.

자식은 부모를 닮는다. 어떤 경우는 비판하면서 닮아간다. 닮지 말라고 해도 강요해도 자식은 부모가 하는 것을 본 대로 행한다:

어느 날, 자식들이 앞으로 기어가지 않고 옆으로만 기어가는 것을 못마땅하게 여긴 아비 게(crab)가 자식들을 개펄에 다 모아놓고 일장 연설을 한다. "야, 너희들은 앞으로 기지 않고 어찌 옆으로만 기어 다니냐? 아빠 하는 것을 똑똑히 보고 배우라!" 하고 앞으로 기기 시작하는데 옆으로 기어가고 있었다!

폭행하고 구타하는 아버지를 바라보며 "나는 이다음에 그러지 말아야지!" 하는 아들은 이후에 가정을 가지면 반드시 아내에 대해 폭군적인 남편이 된다.

바람을 피운 아버지의 아들은 이후 반드시 바람을 피운다. "하지 말아야지!" 하고 비판하던 아들은 결혼 후 반드시 바람을 피운다. 어떤 면에서 유전자적인 이유가 없는 것은 아닐지언정, 자식은 부모가 하던 그대로를 행한다.

그러므로 부모의 말이 교과서가 아니라 삶이 자식들을 위한 교과서가 되어야 한다.

시카고신학대학원(The Chicago Theological Seminary)의 로버트(Robert Moore) 교수에 의하면, '미성숙한 남성 에너지인 폭군(The tyrant)'은 이미 모든 남성 내부에 존재하고 있다. 그런데 내면에 잠재된 미성숙한 에너지인 이 폭군을 성숙한 에너지로 이끌어 줄 책임은 아버지에게 있다. 다시 말하면 가정 안에서 아버지는 그의 성숙한 모습을 통해 자식들의 영적 정신적 성숙을 이끌어야 한다는 것이다.

다른 한편, 어머니는 가정 안에서 잔소리꾼이 되거나 남편의 권위를 무시하고 대드는 전형적인 성인 아이의 모습을 자식에게 보여주어서는 안 될 것이다.

부모는 자식의 교과서가 되어야 할 뿐 아니라, 자식의 성숙을 이끌어야 할 진정한 멘토가 되어야 한다.

나의 아버지는 6.25 전란 때 대구에서 부산으로 피난하셨다. 삶의 터전을 잃은 터라, 부산 자갈치 시장에서 변변한 가게도 하나 없이 노상에서 생선 장사를 하시면서 우리를 길러내셨다. 촛불을 밝힌 다음 성경책을 펴서 읽고 기도하신 후 새벽별을 보고 장터를 향하시면, 해가 뉘엿뉘엿 서산을 넘어갈 무렵 황혼을 등지시고 수정동 비탈길을 돌아 집으로 돌아오셨다. 매일이 고달픈 중노동이었지만, 주일학교 교사를 천직으로 여기시고 아이들을 돌보고 가르치셨다.

타고난 좋은 음성 때문에 모교회나 부산시 연합성회 때는 항상 찬송을 인도하셨고, 성도들의 가정에 초상이 나면 행여 앞에서 찬송을 인도하시면서 산을 오르셨다. 머리에 두른 하얀 수건에는 붉은 십자가가 그려져 있었다. 나는 어릴 때 "며칠 후 며칠 후 요단강 건너가 만나리~" 찬송을 부르시며 장례 행렬을 인도하시던 아버님의 모습을 한 번도 잊은 적 없다. 나는 돌아가신 아버님의 차디찬 시신 위에 오른손을 얹고 "아버님이 부르시던 하나님을 나의 목숨 다하는 날까지 찬송하겠습니다" 하고 서약했다. 그리고 지금까지 찬송으로 하루를 채우는 삶을 살고 있다.

생계를 돕기 위해 어머니는 수정동 시장 바닥에서 콩나물을 위시한 채소장사를 하셨다. 외조부 전성도 장로님이 군납을 위한 콩나물 공장을 운영하셨기 때문에 콩나물을 쉽게 공급받으실 수 있었다. "십자가 단단히 붙잡고 날마다 이기며 나가세!"를 늘 부르시면서 뙤약볕과 모진 추위를 무릅쓰고 장사하시던 어머니는 십일조 통에 그날 버신 돈 중에서 제일 깨끗한 돈을 넣어 모아 두었다가 주일날 주님께 바치셨다.

아버지는 제일 크고 좋은 생선으로, 어머니는 계절이 바뀔 때마다 제일 좋은 과일로 주의 종을 섬기셨고, 나를 심부름꾼으로 삼으셨다. 어머니는 장을 파하고 어둠을 밟고 집에 오실 때는 꼭 무엇이라도 사 들고 오셨다. 그런데 정작 우리 형제들보다는 우리 집에 세 들어 사는 가정의 아이들에게 더 좋은 것, 더 많은 것을 나눠주셨다. 그 당시에 나는 불만을 토로했지만, 시간이 흐르면서 우리 어머니에게 착한 성품을 주신 하나님께 감사드렸다.

우리 부모님은 자식에게 돈이나 땅 한 평 남기지 못하셨지만, 무엇보다 귀한 신앙의 유산을 남겨주셨다. 나는 신앙의 부모를 만나게 해 주신 하나님의 은혜에 감사드린다.

그러면 부모와 자녀와의 '진정한 관계'(authentic realtionship)는 어떤 것일까?

1) 자식은 부모의 소유물 혹은 연장(延長)이 아니다

흔히 부모는 자식을 자신들의 소유물(possession)이나 연장(延長, continuation)으로 생각한다. 또한 보상심리에 의해 자신들이 이루지 못한 꿈을 자식들을 통해서 이루려고 하고 자식들을 통해 보상받으려고 한다. 그런 나머지 자식들의 행복보다는 오직 성공을 목표로 삼고서 자식들이 선천적으로 부여받은 소질(talents)이나 잠재능력(potential abilities)을 무시하고 자신들이 원하는 것을 강요하고, 자신들이 원하는 방향으로 자식들을 끌어가고자 한다. '행복한 자녀'를 만드는 것을 목표로 세우기보다는, 성공하는 자녀로 만들려고 한다. 그래서 하나님께서 주신 잠재능력은 깡그리 무시당하고, 자녀들은 부모를 즐겁게 하는 일을 목표로 삼아서 성공의 노예, 지위와 명예와 돈의 하수인으로 평생 살아간다.

어머니의 앞치마(apron)를 떠나지 못하는 마마보이(mama boy)는 그 한 예다.

부모의 목표는 행복한 자녀가 되어야 한다.

그러면 행복은 무엇이며, 어떤 사람이 행복한 사람일까?

진복(眞福)은 하나님을 알고 하나님을 예배하고 섬기는 것이다. 하나님을 가까이함이 복(blessing)이며(시 73:28), 하나님을 경외하는 것이 보배(treasure)이며(사 33:6), 하나님을 기뻐하는 것이 힘(strength)이다(느 8:10). 그러므로 행복은 하나님의 관계에서 찾아야 하며, '하나님과 바른 관계' 안에 있는 사람이 행복한 사람이다.

자녀를 행복의 길로 인도하기 위해 부모는 우선적으로 무엇을 해야 할까?

그것은 어릴 적부터 하나님의 말씀을 가르치며, 앞에서 언급한 바와 같이 하나님을 알고, 경외하며, 기뻐하며 섬기는 자식으로 키우는 것이다.

쉐마(Shaema)에서는 이렇게 말씀한다.

> "이스라엘아 들으라 우리 하나님 여호와는 오직 유일한 여호와이시니 너는 마음을 다하고 뜻을 다하고 힘을 다하여 네 하나님 여호와를 사랑하라 오늘 내가 네게 명하는 이 말씀을 너는 마음에 새기고 네 자녀에게 부지런히 가르치며 집에 앉았을 때에든지 길을 갈 때에든지 누워 있을 때에든지 일어날 때에든지 이 말씀을 강론할 것이며 너는 또 그것을 네 손목에 매어 기호를 삼으며 네 미간에 붙여 표로 삼고 또 네 집 문설주와 바깥 문에 기록할지니라"(신 6:4-9)

누군가 "아이들의 마음에 사탄이 씨를 뿌리기 전에 하나님의 말씀을 뿌리라"고 말했다. 어릴 때부터 외조모 로이스와 어머니 유니게(Eunice)로부터 말씀을 배운 디모데는 온전한 하나님의 사람, 하나님의 사역에 유익한 일꾼이 되었다(딤후 1:5, 3:15-16).

세속적인 성공과 영화는 쇠하기 마련이며, 아침 안개와 같이 속절없이 사라지고 만다. 하지만 하나님의 사람은 영원히 빛난다. 이 땅 위에서나 영원 속에서.

2) 부모는 자식의 내면세계의 원형이 된다.

"부모는 원형(archetype)으로 자식 안에 자리 잡는다." 물론 모든 인간 내부에는 태곳적 원형이 자리 잡고 있긴 하지만.

어머니로부터 받은 남성 안에 있는 여성상 아니마(anima)와 아버지로부터 받은 여성 안에 있는 아니무스(animus)는 자식들의 정신세계(Psychic World)와 삶에 심대한 영향을 끼치는 원형으로 자리 잡는다.

한 가지 예를 들자면, 결혼한 부부가 서로 갈등하고 싸우는 것은 그들 내면의 아니마와 아니무스가 싸우는 것이다. 남편 속의 아니무스는 아내를 향해 이렇게 말한다: "우리 어머니는 그렇지 않았다!" 혹은 "우리 어머니는 그렇게 하지 않았다." 그리고 아내 속에 있는 아니무스는 이렇게 말한다: "우리 아버지는 그렇지 않았다!" 혹은 "우리 아버지는 그렇게 하지 않았다!"

남편은 아내를 자신 속에 있는 아니마와 비교하고, 아내는 자신 속에 있는 아니무스와 남편을 비교하니 갈등은 그칠 줄 모르고, 날마다 불만과 불평 속에 살아간다.

인간에게 중요한 자기 가치감 혹은 자기 존중감에 있어서도 부모의 역할은 크다. 부모가 서로 사랑하는 모습을 본 자녀들은 ‘자기 가치감’(sense of self value) 혹은 ‘자기 존중감’(self esteem)을 갖게 된다. 아마도 서로 사랑하는 부모로부터 태어났다는 인식에서 비롯한 것일 거다. 자기 존중감을 가진 자녀는 바깥세상에서 사람들과 원만한 인간관계를 갖게 되고 어떤 환경에도 잘 적응하지만, 서로 사랑하지 못한 부모 밑에서 자란 자녀들, 특히 이혼한 부부의 자녀들은 열등감(sense of inferiority) 혹은 자기 무가치감(sense of no value)에 빠지기 쉽다. 서로 사랑하지도 않는 부모 밑에서 난 아무런 가치가 없는 존재라는 감정 때문이다.

그래서 부모로부터 부정적인 감정과 인식을 받은 자녀는 어느 세계에 들어가든 인간관계가 원만하지 못하게 되며 어떤 환경에도 잘 적응하지 못하게 된다. “굴러다니는 돌에는 이끼가 끼지 않는다”(The rolling stone has no moss)라는 말은 그렇게 해서 생긴 말이다.

나는 목회하는 동안 역기능적 가정(dysfunctional family) 안에서 자란 나머지 사람들과의 관계가 원만하지 못하고 이 직장 저 직장을 전전긍긍하는 사람들을 많이 보았다. 지방에서 목회할 때다. 아무리 이해하고 동역자로 세우려고 해도 그럴 수 없는 전형적인 사람을 만났는데, 그 성도는 역기능적인 가정에서 성장하여 자기 존중감을 갖지 못한 그런 사람이었다. 한 군데 정착하여 직장생활을 할 수 없어 이 직장 저 직장을 찾아 전전긍긍했고, 생활비는 전적으로 아내의 수입에 의존했다. 그리고 항상 남을 비판했다. 특히 목회자들에 대해서는 더욱 맹목적으로 비판했다. 알고 보니 신학대학을 중퇴했는데, 그 이유는 무슨 일이었는지 교수와 한바탕 싸움을 했던 것이었다. 실상 남에 대한 그 모든 비판은 자기 안에 있는 그림자 투사(Projection of the Shadow)였던 것이다.

부모의 서로 간의 사랑의 관계는 자식들을 위한 귀중한 자산이 되기도 하고, 역으로 자식들의 내면세계에 쉽게 지울 수 없는 큰 트라우마(trauma)를 남기기도 한다.

3) 중요한 축복사역: 축복하라

"자식에 대한 부모의 칭찬(Praise)과 격려(encourgement), 그리고 축복(blessing)은 말할 수 없이 중요하다."

부모의 칭찬과 격려, 그리고 축복 속에 자란 자식은 이 세상에서 환한 꽃을 피운다. 칭찬하다는 헬라어 '유로게오eurogeo'는 "하나님을 찬양하다" 할 때 사용되는 말과 동일하다. 또 격려는 문자 그대로 힘(power)을 부여하는 것인데, 창세기 27장에서 보여주는 바와 같이 축복은 위대한 인물을 창조하는 길잡이다.

여기서 창세기 27장을 토대로 축복에 대해 간략하게 말하자면,
첫째는 '의미 있는 만짐'(meaningful touch) 혹은 '스킨쉽'(skinship)이다.
"아들아, 가까이 오라 내가 너를 만지려 하노라" "입맞추고"…. 입맞춤
(kssing)과 만짐(touch)은 영적 정신적 그리고 육체적 치유(healing)를 가져
다준다.

나사렛 예수는 부정한 나병환자를 고치기 전에 만지셨다(마 8:1-3). 그
의 '내면의 기본적인 욕구'(basic need)를 간파하셨기 때문이다. 가정 안
에서 만짐을 받지 못하고 자란 사람들은 성년기에 우울증에 시달리기
쉽다고 한다. 미국 UCLA 대학의 한 연구팀은 사람이 영적 정신적 정서
적 그리고 육체적으로 건강하기 위해서는 하루에 8회 이상 의미 있는
만짐을 받아야 한다고 발표했다. 하나님은 다른 짐승들과는 달리, 피
부로 접촉하라고 인간에게는 털을 씌우지 않으셨다.

둘째는 '말로써 하는 축복'(spoken language)이다. "하나님이 복 주신
내 아들의 밭에서 향기가 나는구나!" 사람은 입의 열매로 복록을 누
린다(잠 13:2). 한 도성(city)은 말로써 서기도 하고 무너지기도 한다(잠
11:11. 참조, 사 57:19). 비단 도성뿐이랴? 한 사람, 한 가정, 그리고 모든 공
동체도 마찬가지다. 야고보는 한 샘이 두 가지 물을 낼 수 없듯이 한

입으로 하나님을 찬양하고 형제자매를 비난하는 일은 성립할 수 없는 일이라고 꼬집는다(약 3:11).

나는 초등학교 4학년 때에 나눗셈을 잘하지 못했다. 곱하기는 잘하는데, 무슨 영문인지 나눗셈에 대해서는 영 이해력이 부족했다.

드디어 운명의 날이 다가왔다. 선생님은 한 분단에서 한 사람씩 뽑아 앞으로 나와 칠판에 써 둔 나눗셈 문제를 풀게 했다. 나는 속으로 기도했다: "주여, 이 잔(盞)이 지나가게 해 주시옵소서!" 그러나 그 잔은 지나가지 않았다. 선생님은 정확히 3분단 셋째 줄에 앉은 나를 지명했던 것이다. 눈앞이 캄캄했다. 앞으로 나가지 않을 수 없고 가만히 서 있을 수도 없는 노릇이라, 아무렇게나 숫자들을 써 갈기고 밑줄을 긋고, 나머지를 아무렇게나 쓰고……. 차례로 채점을 하면서 내 앞의 답 앞에 선 선생님은 "이게 뭐야?" 하면서 반 아이들 앞에서 바지를 내리게 한 다음 엉덩이에 회초리를 사정없이 휘둘렀다. 틀린 사람은 나 하나뿐이었다. 나는 너무 창피스러워 내 자리에 돌아온 다음 얼굴을 파묻었다. 반 아이들을 볼 면목이 없어 하염없이 울기만 했다.

만일 내가 수학 선생님이었다면, 그 말도 안 되는 나의 답 앞에서 "야! 이건 메타메스(Meta-Math)다. 얘들아, 박수 한 번 해주자!" 하면서 칭찬하고 격려한 다음 개인적으로 조용히 불러들여 나눗셈을 이해할 때까지 가르쳤을 것이다. 그리고 나는 지금쯤 수학 천재(박사)가 되어 있을지도 모른다.

셋째는 '가치부여'(attaching high value)다. "하나님은 하늘의 이슬과 땅의 기름짐이며 풍성한 곡식과 포도주를 네게 주시기를 원하노라." 그런 복을 받을만한 가치 있는 존재라는 것이다. "난(당신은) 내게 소중한 사람이야!" "당신은(너는) 최고야!" 하는 말은 높은 가치를 부여한다. 그러나 약점이나 단점을 지적하는 비교는 자식이나 가족의 가치를 떨어뜨리거나 파괴하는 행위다.

넷째는 '특별한 미래를 그려주는 것'(picturing a special future)이다. "너는 형제들과 만민의 주가 되고…." 나다니엘 호돈(Nathaniel Hawthorne)의 「큰 바위 얼굴」은 부모가 자식에게 그려주는 큰 그림대로 자식이 미래에 위대한 사람이 된다는 것을 말해준다. 그것을 심리학에서는 '피그말리온 효과'(pigmalion Effect)라고 한다.

꼭 한 가지를 더 말하고 싶다. 부모는 자식들과 '따뜻한 사랑의 대화 시간'을 가져야 한다. 자식에게 시간을 내어주는 것은 자식들의 가치를 인정해 주는 행위다,

내가 번역한 「상처 난 아버지와의 관계회복」*In search of lost Fathering*(도서출판 세복, 1999)에 나오는 이야기다: 미국의 한 하원의원이 오랜만에 아들을 데리고 낚시를 갔다. 낚시를 마치고 돌아온 아버지는 일기장에 "오늘 하루는 잡쳤다."라고 썼지만, 아들은 그의 일기장에

"오늘은 내 인생의 최고였다."라고 썼다. 시간을 내어주는 것은 가치를 부여("너는 내게 가치 있는 존재다")하는 숭고한 일이다.

4) 사랑을 표현하고 사랑의 편지를 쓰라.

"사랑한다"는 표현은 자식의 자존감(Self-esteem)을 상승시킨다. 자식이 가치 있고 의미 있는 존재임을 깨우쳐주고 확신시켜 준다. 사랑한다는 표현은 메가 폭탄처럼 작용한다. 그런데 자식을 향해 "나는 너를 사랑한다"는 사랑의 표현도 중요하지만, 사랑의 마음을 진솔하게 표현하는 부모의 사랑의 편지는 자녀의 인격(character)과 관계 형성에 심대한 영향을 끼친다. "사랑한다는 말을 들어 본 사람이 사랑을 표현하며, 사랑을 받아 본 사람이 사랑한다"는 말이 있다. 사랑의 황무지에서 자란 사람은 사랑한다는 표현을 하기가 힘들고 실제 사랑하기도 힘들다.

제대하고 복학한 후 인천 천광성결교회[1] 찬양대 지휘자 겸 교육전도사로 부임했다. 토요일부터 주일 밤 11시가 되면 지친 몸을 끌고 학교 기숙사로 돌아왔다. 토요일 밤은 풀타임 전도사였던 김용식 전도사님과 한방에서 잠을 잤다. 잠을 자고 나면 이순옥 권사님이 사랑으로 따뜻한 밥을 지어주셨다. 그런데 사역을 마치고 가방을 들고 기숙사로 향할 때마다 나의 가방 속에는 양말과 속옷, 과일, 그리고 여러 가지

간식들이 항상 가득 들어 있었다. 이권사님이 넣어두신 것이었다. 하도 부담이 되어 "사랑은 고맙지만, 권사님 살림도 넉넉지 않은데 그만 두세요!" 하고 여러 차례 말씀드렸지만, 그 일을 멈추지 않으셨다.

그분은 "전도사님, 사랑을 받아보지 못한 사람은 사랑하지 못합니다."라고 말씀하셨다. 앞으로 사랑하는 주의 종이 되라는 말씀이셨다. 나는 하도 고마워서 가난한 신학생으로서 용돈을 모아 옷 한 벌 사드렸는데, 권사님은 입지 않으시고 기념으로 옷장 속에 고이 넣어두신 것을 나중에서야 알게 되었다.

나는 한동안 기러기 아빠 노릇을 했다. 유학을 마치고 귀국하면서 사랑하는 두 딸을 미국에 두고 온 탓이었다. 사랑하는 가족들과 떨어져 산다는 것이 얼마나 힘든 일인 것을 이론만 아니라 체험적으로 알게 되었다. 나는 멀리 떨어져 있는 딸들에게 자주 사랑의 편지를 써 보냈다. 다 실으면 한 권의 책도 자리가 모자랄 정도다. 그중 두어 가지만 실어본다.

에버랜드의 봄

노란 개나리
빨간 진달래
연분홍 벚꽃이 흐드러지게 피어나

가슴 가슴마다 봄의 교향곡을 울려주는 4월.

도시의 우울함을 벗어나온
작은 아이들, 청년들 그리고 노인들이
봄의 축제가 벌어진 용인 에버랜드 뜨락을
가득 메웠다.

후룸 라이드, 청룡열차 그리고 바이킹 호
여기저기서 참지 못한 괴성이 터져 나오고
이따금 겁에 질린 아이들은 눈물을 훔치며
후회하는 표정으로 출구를 나선다.

눈물을 흘리며
너희들을 아스라이 떠나보내던 날도
벌써 몇 개월이 흘러
너희들의 사랑스런 모습이 눈에 아른거린다.

너희들이 곁에 없는 봄은
아무래도 우울하고 잔인하다.
사뭇 스쳐 지나가는 너희들의 봄 얼굴은
어느 때나 내 곁에 머물 것인지!

인생은 만남과 헤어짐이 있어 애처롭다지만,

이렇게 일찍이 떨어져 살아야 하는 삶은

애당초 누가 섭리한 것인지

그리움이 겹겹이 쌓여 병이 될 것 같다.

김현승 시인의 말처럼

시간이 더 이상 시간이 아니고

공간이 더 이상 공간이 아닌 에버랜드Everland

그 하나님 나라Kingdom of God에 헤어짐이란 없을 테지.

아무쪼록

하나님이 주신 섭리의 기회와 시간들을

일분일초라도 낭비하지 말고

자신들의 발전을 위해 가꾸렴.

엄마를 너희 곁에 보낸 아빠는

조금의 안도감이라도 찾은 듯

시와 음악 그리고 책으로 외로움을 달래며

너희들이 돌아올 날을 손꼽아 기다리고 있다.

내 사랑하는 딸들아!

세상에 너희들이 없다면

아빠는 무슨 의미로 살겠니?

활짝 핀 봄꽃들의 미소를

이 편지에 실어 보낸다.

사랑하는 딸 혜진에게

하늘이 내려주신

밤하늘 총총한 별보다 이름다운 딸

보름달보다 환한 얼굴

가을 여인 코스모스보다 더 우아한 딸.

태평양을 사이에 두고

그리워하고 그리워하던 딸

경포대 앞바다 출렁이는 파도처럼

그리움 앞세워 꿈결 따라오던 딸

카리브 카페에 나란히 앉아

정겨운 대화를 나누는 것이 꿈결 같다.

하나님이 주신 최고의 선물인 너를 위해

내 모든 것을 희생한들 무엇이 아깝겠니?

얼마 안 있으면 돌아갈 날을

벌써 아쉬워하며

너와 함께하는 이 복된 시간을 향유하려는 듯

카페오레 커피 향에 잠긴다.

해송(海松)을 적시는 가랑비는

너를 사랑하는 아빠의 마음을

푹 적신다.

5) 실수를 인정하고 용서를 구하라

자식 앞에서 부모는 절대적이고 만능적인 존재가 아니다. 단점이 있고 가끔 실수하고 잘못하기도 한다. 그럴 때 그것들을 감추거나 합리화하면 자식에게 "너는 위선자(hypocrite)가 되어라" 하고 위선을 가르치게 된다. "얘, 아빠(엄마)가 잘못했어. 용서해 줘"라고 진솔하게 고백할 때, 자식은 진실을 배우게 되고 어떻게 사는 것이 올바른 삶인지를 터득하게 된다. 나아가서 자신의 잘못을 고백하는 용기를 갖게 되고, 다른 사람들의 허물을 용서하고 덮어주게 된다. 그럼으로써 자식들의 인격은 성장하게 된다.

6) 투사를 멈추어라

나사렛 예수는 "형제자매 눈 속에 있는 티는 보면서 자신의 눈에 있는 들보는 보지 못하는 자들"을 질타하셨다.[2] 사실 형제자매의 단점이나 흠은 우리 자신의 내면에 있는 것들을 밖으로 '투사'(projection)한 것이다. 예수께서 하신 말씀의 뜻은 '투사를 멈출 때 비로소 인격이 성장'한다는 것이다.

부모 편에서 볼 때 자식이 지닌 결점들은 부모 '내면의 그림자'(shadow)를 자식에게 투사한 것이다. 그러므로 자식의 결점을 보지 말고 장점을 찾아서 격려한다면 자식은 그 장점을 극대화할 것이며, 어디 가든 쓸모 있는 사람으로 환영을 받게 될 것이다.

세계적인 부흥사이셨던 빌리 그래함(Billy Graham) 목사는 어릴 적에 사람들의 주목을 받는 아이이기는커녕 동네 어른들로부터 야단을 받고 비난을 듣던 아이였다. 그런데 유독 같은 마을에 사는 한 노인만 "빌리야, 너는 사람들을 끄는 힘이 있어. 그것을 잘 계발하면 너는 큰 사람이 될 수 있어."라는 칭찬과 격려의 말을 했는데, 그 한마디에 빌리는 세계적인 큰 부흥사가 되었다.

자식의 단점을 보지 말고 장점을 찾아 칭찬하고 격려하라! 한마디의 칭찬과 격려는 자녀를 위대한 인간으로 만들 수 있다.

그리고 자식 또한 부모님께 말과 편지나 글로써 감사와 사랑을 표
현해야 한다. 나는 어느 해 추석날, 어머니를 모시고 광교산을 찾은 후
글을 써서 어머님께 드렸다.

추석날 광교산

조금은 이른 것 같다.
설익은 광교산은
고향을 떠나지 않은 등산객을 맞아
추석 명절 외로움을 달래고 서 있다.

비가 오지 않아
계곡을 가로지르는 수로(水路)는
목마름에 지쳐 있다.
메마른 세태의 인정(人情)을 여실히 보는 듯!

언제부터 허리가 구부정하게 된
노모(老母)의 사랑의 손끝에는
겨울도 아닌데
벌써 찬 서리가 내렸는가?

굽은 산허리 보니

노모의 굽은 허리 보는 듯

설익은 대화의 꽃 피우려다

벌써 지친 노모를 부축하여 하산한다.

비록 진수성찬은 아니라도

도토리 무침 한 그릇으로

부모 자식, 형제간의 사랑을 나눈다.

어설프게 핀 들국화가

더 깊은 가을을 재촉한다.

2. 선택적인 만남

"네 이웃의 집을 탐내지 말라. 네 이웃의 아내나 …… 탐내지 말라"(출 20:17)

"너는 네 우물에서 물을 마시며 네 샘에서 흐르는 물을 마시라"(잠 5:15)

"네 샘으로 복되게 하라. 네가 젊어서 취한 아내를 즐거워하라 그는 사랑스러운 암사슴 같고 아름다운 암노루 같으니 너는 그의 품을 항상 족하게 여기며 그의 사랑을 항상 연모하라"(잠 5:18-19)

"아내를 얻는 자는 복을 얻고 여호와께 은총을 받는 자니라"(잠 18:22)

"나는 너희에게 이르노니 누구든지 음행한 이유 없이 아내를 버리면 이는 그로 간음하게 함이요 또 누구든지 버림받은 여자에게 장가드는 자도 간음함이니라"(마 5:32, 막 10:11-12, 눅 16:18)

"아내들이여 자기 남편에게 복종하기를 주께 하듯 하라"(엡 5:22)

"남편들아 아내 사랑하기를 그리스도께서 교회를 사랑하시고 그 교회를 위하여 자신을 주심 같이 하라"(엡 5:25)

"자기 아내를 사랑하는 자는 자기를 사랑하는 것이라"(엡 5:28하)

"아내들아 이와 같이 자기 남편에게 순종하라 … 사라가 아브라함을 주라 칭하여"(벧전 3:1, 6)

"남편들아 이와 같이 지식을 따라 너희 아내와 동거하고 그를 더 연약한 그릇이요 또 생명의 은혜를 이어받을 자로 알아 귀히 여기라 이는 너희 기도가 막히지 아니하게 하려 함이라"(벧전 3:7)

선남선녀(善男善女)가 만나서 사랑을 하고 결혼하여 가정을 이루는 것은 '하나님의 섭리와 축복'이며 하나의 '신비(mystery)'다. 창조주 하나님은 별들로 밤하늘을 아름답게 수놓으셨듯이, 결혼으로 인생을 아름답게 하셨다.

"여호와 하나님이 아담에게서 취하신 그 갈빗대로 여자를 만드시고 그를 아담에게로 이끌어 오시니 아담이 이르되 이는 내 뼈 중의 뼈요 살

중의 살이라 이것을 남자에게서 취하였은즉 여자라 부르리라 하니라. 이러므로 남자가 부모를 떠나 그의 아내와 합하여 둘이 한 몸을 이룰 지로다"(창 2:22-24).

때가 되면 남자는 부모를 떠나(육체뿐만 아니라 심리적으로나 정서적으로) 아내를 만나 한 몸, 한 가정을 이룬다. 그것은 하나님이 계획하신 창조섭리다.

에리히 프롬(Erich Fromm)이 「사랑의 기술」*The Art of Loving*에서 말한 바와 같이, 두 사람은 판단과 결단과 약속을 가지고 의지와 공약의 행위인 결혼 안으로 들어간다. 이는 하나님의 창조섭리 안에서 이루어지는 인간의 책임 있는 행위다. 그리고 칼 바르트(Karl Barth)가 말했듯이, 결혼 전까지는 사랑이 두 사람을 이끌어 왔지만, 이제부터는 '하나님의 말씀이 두 사람을 지배하고 사랑을 이끌어 간다'(사랑의 감정은 1년 6개월이면 끝난다. 뇌의 호르몬의 메카니즘이 멈추기 때문이다). 사랑과 결혼으로 두 사람은 "검은 머리가 파 뿌리가 되듯이" 배타적인 관계에 들어간다. 두 사람 사이에는 그 누구도 언급될 수 없다.

존 익냐스 랩(John Ickjas Rap)은 "지금까지 사랑하는 나"를 통해서 "미래에 사랑할 수 있는 나" 즉 자신의 존재의 미래(미래적인 자신의 존재)와 가치를 발견할 수 있다고 말했다. 그리고 빅터 프랭클(Victor Frankle)이 말한 인간의 의미 탐구 가운데 한 가지는 사랑이다. 사랑의 행위를 통해 인간은 자신의 존재의미를 실현한다.

감정에 이끌리지 말라.

요즈음 세대 젊은이들은(크리스천을 포함하여) 배우자를 선택할 때 주로 감정에 이끌림을 받는다. 소위 "필(Feel)이 꽂혀야 한다"는 것이다. 물론 필도 무시할 수 없는 영역이지만, 필보다 더 중요한 것은 냉철한 이성적 판단과 그 위의 기도다. 일평생 함께 살아갈 동반자를 선택하는 일에 자신을 오로지 감정 혹은 필(feel)에 맡기거나 의존하는 일만큼 어리석고(?) 위험한 일은 없다.

내 개인의 경우, 아직 결혼할 여건이 되지 않았을 시기에도 하나님께 앞날의 결혼을 위해 100일 금식기도와 여러 차례의 금식기도를 올렸다. 그리고 주변에 관심을 끄는 사람도 몇 사람 있었다. 천광교회의 이광옥 권사님은 나로 하여금 장가들게 하려고 데이트 자금까지 대주시면서 나름대로 아름답고 훌륭한 몇몇 규수들을 만나게 해 주셨다. 그들은 여의도 초등학교 교사, 길병원 간호사 등 매우 훌륭한 사람들이었고, 나에 대해 적극적이었지만, 내 마음은 조금도 움직이지 않았다.

그런데 천광교회에 찬양대 지휘자 겸 파트타임 전도사로 부임한 지 한 달쯤 되었을까? 그 교회 전임 부교역자인 김용식 전도사님 방에서 기도 후 함께 잠이 들었는데, 꿈에 담임목사 사모(이후에 장모님이 되셨다)께서 고운 한복차림으로 내게 다가오시더니 나를 바라보시면서 "내 딸 정화를 데려가라!" 하시지 않는가?! 결국, 우여곡절 끝에 양가 부모님의 허락을 얻어 결혼하게 되었다. 아내가 된 사람에게도 하나님은 꿈과 여러 사람을 통해 역사하셨다.

신학교 기숙사 생활을 함께하던 친구와 후배는 아예 책상 위에 배우자 될 사람에 관한 모든 것(건강, 신앙, 성품 등)을 빽빽하게 써 놓고 기도하더니만, 그대로 기도의 응답을 받아 훌륭한 사모들의 내조로 목회와 선교사 사역을 잘하고 있다.

나는 과년한 두 딸과 교회 청년들에게 미래의 배우자를 위해 중보기도 하라고 가르친다. 그리고 선택하고 결정하는 순간까지도 성령께서 개입해 달라고 부탁하라고 가르친다. 아직 눈앞에 나타나고 있지 않지만, 배우자가 될 사람은 이 세상 어디에나 있을 수 있기 때문에 그 혹은 그녀를 위해 중보기도(건강, 신앙, 성품, 관계, 직업 등) 하는 일은 너무나 중요하다!

1) 아내는 하나님이 주신 선물이며 구원자이다.

잠언 18장 22절에서, 아내는 '하나님이 주시는 선물'이라고 말씀한다. 이 선물을 받은 자는 '복 있는 자'라고 말씀한다. 연애 혹은 중매나 다른 방법으로 얻었다고 하여 내가 혹은 내 방식과 능력으로 얻은 것이 아니다. 궁극적으로 하나님이 주신 선물이다.

사랑하는 이로부터 받은 선물을 함부로 취급하거나 무가치하게 여기는 사람은 한 사람도 없다. 사람으로부터 받는 선물도 귀하게 여기거든 하물며 창조주 하나님께서 주신 선물을 함부로 여길 수 없다. 그렇다면 그 선물을 주신 하나님을 함부로 여기는 불경죄를 범하게 된다. 반대로 아내를 귀하게 여기면 그 선물을 주신 하나님을 존경하고 공경하는 것이다.

> "남편들아, 이와 같이 지식을 따라 너희 아내와 동거하고 그를 더 연약한 그릇이요 또 생명의 은혜를 함께 이어받을 자로 알아 귀히 여기라. 이는 너희 기도가 막히지 아니하게 하려 함이라"(벧전 3:7)

어느 한 가정의 남편은 아내를 함부로 대하기 일쑤였다. 아내는 할 수 없이 친정집을 찾았다. 얼마 후 집으로 돌아오는 아내의 손에는 사위에게 보내는 친정아버지가 쓴 편지가 들려 있었다. 그 내용은 간단한 말 한마디였다: "깨어지기 쉬움. 취급주의!"

아담이 독처하는 것이 선(善)하지 않아서 하나님은 아담을 돕는 배필인 하와를 지어 주셨다(창 2:18-25). 여기서 돕는 배필의 원어 '에제르(ezer)'는 시편 121편의 에제르와 같은 말이다. 에제르는 '하나님의 도움'이라는 뜻이다. 하나님이 우리를 도우신다고 해서 하나님이 우리보다 열등한 분은 아니시다. 마찬가지로 아내가 남편을 돕는 존재라고 해서 남편보다 열등한 존재는 아니다. 영어는 'equivalent to'(동등한)로 번역했다. 서로 돕고 보완하는 동등한 존재로 지어주신 것이다.

한 걸음 더 나아가 돕는 배필인 아내 에제르는 하나님의 도움이다. 하나님이 남편을 돕기 위해 아내를 보내신 것이다. 아내는 남편의 구원자다.

2) 다른 것은 다른 것이지, 틀린 것이 아니다.

결혼 전까지는 잘 모르지만, 결혼 후에는 서로 간에 약점과 단점을 발견하게 된다. 마치 밑바닥에 깔려있던 부유물이 물 위에 떠오르는 것처럼. 그럴 때 그것들을 과감히 수용해야 한다. 그리고 매사에 서로 간에 관점(view point)을 달리할 수도 있다. '다른 것이지 틀린 것이 아니다.' 우리는 다른 것을 항상 틀렸다고 생각하는 경우가 농후하다. 어릴 적부터 학습한 "맞으면 ○표 하고 틀리면 ×표 하라"는 영향 때문일까?

창조주 하나님은 남자와 여자를 독특하게 창조하셨다. 남자는 일 그리고 여자는 관계를 소중히 여기도록 창조하셨다. 남자는 "나는 일 한다. 고로 나는 존재한다"가 캐치 프레이저(catch phrase)라고 한다면, 여자는 "나는 관계한다. 고로 나는 존재한다"가 그것이다. 그래서인지 TV를 시청할 때도 남자들은 뉴스와 스포츠에 관심을 갖고 열렬히 보는 가 하면, 여자들은 드라마에 집중한다.

남자들은 "빨리 말해, 결론이 뭐야? 결론부터 말해!" 하지만, 여자에 게는 결론보다 '과정과 대화'가 중요하다.

미국 일리노이주 에반스톤에 있는 게렛신학대학원(Garrett-Evangelical Theological Seminary)의 은퇴 교수인 제임스 에쉬브록(James B. Ashbrook) 은 그의 책 *Brain, Culture & the Human Spirit*에서 남자의 뇌신경은 짧아 서 빨리 결론에 도달하려고 하는 반면, 여자의 뇌신경은 남자보다 길 어서 천천히 결론에 도달한다는 것을 지적했다. [3]

우리가 잘 알다시피 존 그레이는 「화성에서 온 여자 금성에서 온 남 자」라는 책에서 남녀의 차이를 포괄적으로 다루었다. 원만한 관계와 행복한 삶을 터득하고자 하는 이들은 이 책을 꼭 읽기를 권한다.

3) 이혼하지 말라

요즘은 결혼을 경시하고 이혼을 중시하는 세대(?)가 되었다. 결혼을 중시하고 이혼을 경시해야 하는데도 말이다. 뭔가 거꾸로 되었다! 직접 가서 확인은 하지 못했지만, 제주도에는 '다이아몬드 거리'가 있다고 한다. 신혼여행 가서 이혼하고 결혼반지를 내버린다고 해서 그 거리를 다이아몬드 거리라고 부른다는 것이다. 유감스럽게도 내가 결혼 주례를 한 어느 신혼부부는 거기에 결혼반지를 내버리고 오지는 않았지만, 신혼여행을 마치고 돌아오자마자 한 달 만에 이혼해버리고 말았다. 아내 왈, "남편이 연애할 때와는 달라도 너무 다르다"는 것이었다. 나와 아내가 찾아가서 밤새 부부를 상담하고 중보기도 해 주었음에도 불구하고 그들은 이혼이라는 극단적인 결론에 도달하고 말았다. 좀 더 숙고해 보겠다던 의사 표현은 쉽게 물거품이 되고 말았다.

어느 복음주의 신학자는 결혼 전보다 결혼 후의 삶이 더 고통스럽고 행복하지 않으면 이혼하는 것이 하나님의 뜻이라고 주장한다. 왜냐하면 행복하기 위해 결혼을 하는 것인데, 결혼이 불행을 안겨다 주고 삶을 고통스럽게 만든다면 그것은 결혼의 진정한 의미와 목적이 아니라는 것이다.

한편으로는 수긍이 가지만, 이런 주장은 하나님의 말씀에 반하는 것이다. 그리고 만일 그렇다면 지금의 세상은 난장판이 되었을지도 모른다. 왜냐하면 결혼을 통해 나름의 행복을 누리는 자들도 있겠지만, 여러 가지로 힘들고 고통스런 일들과 과정을 참고 견디며 가정을 지키는 사람들도 많기 때문이다. 내가 생각하기로는 후자의 경우가 더 많을 것이다.

"하나님이 짝 지워주신 것을 사람이 나눌 수 없다!"-음행 이외에는 나눌 수 없다! 죽음만이 두 사람을 나눌 수 있다!

카타리나 자켈로는 폴란드 바사 공작의 부인이었다. 남편이 반역죄로 종신형을 선고받았다. 그러자 카타리나는 에릭 왕에게 자신도 남편과 함께 복역할 수 있게 해 달라고 간청했다. 왕은 놀라면서, "종신형이란 평생 빛을 보지 못하게 되는 것인데, 부인은 이 사실을 알고 있소?" 하고 물었다.

"알고 있습니다. 폐하."

"그는 반역자라는 사실을 알고 있소?"

"알고 있습니다. 하지만 죄수이건 자유인이건 그는 제 남편입니다. 폐하."

그렇게 말하면서 손가락에서 결혼반지를 빼내어 왕에게 보여주며 말했다.

"반지에 쓰여있는 글을 보십시오. 라틴어로 두 마디가 새겨져 있습니다. 모르스 졸라, 'mors sola.' 죽음이 갈라놓을 때까지 우리는 한 몸이다."

이후 카타리나는 17년간의 옥중생활의 어려움을 함께 극복했고, 에릭 왕이 죽자 남편과 함께 자유를 찾았다.

어떤 경우에도, 음행한 이유 외에, 이혼해서는 안 된다. 결혼서약 때 한 것처럼, 죽음이 두 사람을 나눌 때까지 생사고락을 함께해야 한다. 그것이 하늘 아버지의 거룩하시고 온전하시고 선하신 뜻이다(롬 12:1 이하).

4) 아내의 역할과 남편의 역할

남편과 아내는 동등하지만, 하나님은 가정의 질서를 세워놓으셨다. 아내는 남편에게 순종하고, 남편은 아내를 죽기까지 헌신적으로 사랑해야 한다. 마치 사라가 아브라함을 주(lord)라고 불렀고, 예수께서 교회를 위해 목숨을 버리셨듯이!

한자에 지아비 '부(夫)'는 하늘 천(天) 위에 점이 있다. 남편은 하늘보다 높은 존재라는 생각에서 만들어진 말인 것 같다. '금슬(琴瑟)'이란 말도 보면, 아내가 지금 남편을 왕 대접하면, 이후에 자신도 반드시 왕이 된다는 뜻이다.

남편이 아내를 사랑하는 것은 자신을 사랑하는 행위요, 아내를 미워하거나 못살게 굴면 자신을 미워하고 해치는 지름길이다. 그리고 남편이 아내를 사랑한다면 해야 할 일들이 네 가지 있다.

"남편들아, 이와 같이 지식을 따라 너희 아내와 동거하고 그를 **더 연**

약한 그릇이요 또 생명의 은혜를 함께 이어받을 자로 알아 귀히 여기라 이는 너희 기도가 막히지 아니하게 하려 함이라"(벧전 3:7).

(1) 지식을 가져야 한다(지식을 따라)

사랑에는 지식이 필요하다. 지식은 사랑의 폭을 넓히고 사랑을 성장시킨다. 여성의 심리에 대한 지식, 사랑의 속성과 역할 등에 대한 지식을 추구하고 배워나가야 사랑은 시들지 않고 자란다.

(2) 조화로운 부부생활(동거하고)

아내가 자신의 몸을 주관할 수 없듯이 남편도 자신의 몸을 주관할 수 없다. 기도할 틈을 얻기 위해 잠시 분방하더라도, 부부는 함께 생활해야 하며 조화로운 성생활을 해야 한다. 나의 경험상, 수많은 가정이 이 문제로 어려움을 겪거나 이혼한 경우가 많았다. 성(性)에 대한 무지와 편견 혹은 그릇된 관념 때문이었는데, 주로 아내 편에 문제가 많았다. 다시 말해, 성생활에 대해 부정적이거나 너무 소극적이고, 성을 자주 요구할 뿐 아니라 여러 체위를 요구하는 남편을 마치 짐승 취급하거나 속물로 여기기 때문이었다. 그래서 나는 결혼 주례하기 전의 상담 과정에서 꼭 선물하는 책이 있다. 그것은 다섯수레출판사에서 펴낸 미리엄 스토포드(Miriam Stoppard)의 「부부가 함께 배우는 성」(*The Magic of*

Sex)이다.

유학을 마치고 돌아오면서 어려운 가정들을 위해-사명감을 가지고서- 번역 출판하고자 조그만 포켓북 카마 수트라(*Kama Sutra*)를 사 왔는데, 와서 보니 마침 미리엄 스토포드의 책이 번역 출판되어 있었다. 나는 성으로 어려움을 겪는 가정을 위해 이 책을 강력히 추천한다.

성은 '하나님이 주신 아름다운 선물'이다. 하나님이 선물로 주신 성의 청지기 의식과 책임을 갖고서 부부간에 누리는 성생활은 삶에 활력을 불어넣어 줄 뿐 아니라 부부간의 관계를 깊게 만들고 성숙하게 한다.

(3) 정서적인 배려와 존중(귀히 여기라)

남편은 아내의 정서적인 면을 존중하여 세심하게 배려해야 한다.

한 가지 실례를 들자면, 나의 아내는 집안 가구들의 위치를 종종 바꾸었다. 처음에는 "왜 그렇게 했느냐?" 하고 면박을 주고 따지듯이 캐물었지만, 아내의 정서를 이해하고 난 이후부터는 아내가 가구의 위치를 변경하려 하면 적극적으로 도와준다.

집안 살림을 도맡아 하느라고 갑갑해 하거나 피곤을 느끼는 낌새가 있으면, 가까운 곳을 드라이브하면서 바깥나들이를 한다. 고즈넉한

찻집에서 따스한 커피 한 잔을 미시면서 그간 밀린 대화를 나누면, 지극히 작은 일에도 감사를 표하며 삶의 활력을 얻게 된다.

(4) 기도생활(기도가 막히지 아니하게 함이라)

이 마지막 성경구절은 앞의 구절들과 연관이 있는 내용이지만, 자체적으로 큰 도전을 주는 말씀이다.

첫째로, 사랑의 지식을 갖고 아내를 대하지 않고, 조화로운 성생활을 하지 않고(외도까지 포함하여), 정서적인 배려를 하지 않는 남편은 가정의 주인이신 하나님과 올바른 관계에 서지 못한다는 말씀이다. 가정 안에서 하나님이 맡기신 남편의 의무를 저버리는 사람이 아무리 하나님께 기도한들, 그 기도는 무가치하다는 말씀이다. 그의 기도는 죄가 된다(시 109:7).

둘째로, 남편은 기도하라는 것이다. 기도하여 하나님과 바른 관계를 맺으면, 위의 것들을 포함하여 아내와 바른 관계를 맺을 수 있다는 것이다.

4) 사랑을 표현하고 사랑의 편지를 쓰라

"울리지 않는 종은 종이 아니다"라는 말이 있다.

남편과 아내 사이의 "사랑해요"라는 사랑의 속삭임은 사랑의 연대

(connection of loving)를 견고히 할 뿐 아니라, 자녀에게 큰 안정감(sense of stability)과 힘을 부여해 준다. 특히 자녀 앞에서 하는 부부의 포옹 (hugging)과 입맞춤(kissing)은 자녀의 자존감을 북돋아 주며 그들의 바른 인격 형성과 신앙에 큰 영향을 미친다.

어릴 때 가정 안에서 사랑을 경험한 자녀가 사랑의 하나님을 믿는다. 사랑을 경험해보지 않은 자녀가 사랑의 하나님을 믿는다는 것은 불가능한 일이다. 에릭슨(Erik H. Erikson)은 그의 책 「정체성과 인생 주기」(*Identity and the Life Cycle*)에서 아동기의 신뢰(trust) 경험은 에고 정체성(Ego identity) 형성과 성장 이후 하나님을 믿고 신뢰하는 신앙에까지 영향을 미친다고 주장한다.[4] 반대로 불신뢰(mistrust)를 경험하면 이후 (청년기부터 시작하여) 하나님을 믿기 힘들다.

나는 이따금 아내에게 사랑의 편지를 쓴다. 어떤 때는 개똥 시를 써서 건넨다. 시인이 아니면서 시를 쓰기 때문에 자칭 '개똥 시'라고 표현한다. 이는 결코 시를 쓰는 나 자신이나 시를 받는 아내를 비하해서 하는 말이 아니다. 단지 시를 쓸 능력이 모자라서이다.

사랑하는 정화에게

세월이 흐를수록

당신의 영혼은 내 영혼을 사로잡습니다.

친밀해질수록

당신은 내게 두렵고도 소중한 존재로 다가섭니다.

당신의 눈과 마음은

내 생각과 행동 전체를 휘감고 있습니다.

내 남은 생애 동안

당신을 소중히 여기겠습니다.

당신을 섬기겠습니다.

하나님께서 주신

생애 첫 선물인 혜진이를

더욱 사랑해주십시오.

아빠의 직무를 다하지 못한 아픔보다

더 큰 아픔을 가진 가엾은 딸입니다.

유니게도 겉으로는 씩씩한 척하지만,

내면은 부모의 따스한 사랑을 더 받고 싶어하는

욕구가 있습니다.

헤어질 때마다 흘리는 유니게의 눈물이

그것을 말하고 있습니다.

하나님께서 우리의 앞날을
선하게 인도해 주실 것을 믿고 기도하고 있습니다
힘을 내세요.
사랑합니다.

시실리(Sicilly)의 여인

탄자니아 커피 향 타고 흐르는
기타 클래식 음악.
우리의 영혼이 타고 흘러가는
사랑의 강물 된다.

인생 그대로를 수용하며
엔조이하면서 살자는 여인은
이미 욕심을 비운 초탈(超脫)의 사람!

살 집 하나 마련하면
소박하고 아름답게 꾸며
여남은 생

딸들과 오순도순 살자는 제안이

마음을 찡하게 한다.

멋있고 품위 있는 여인!

창조주께서 은혜로 주신 선물!

클래식 기타 음이

레드 포도주에 취한 듯

더욱 빨라진다.

시실리 여인의 가슴도

더 뜨거워진다.

* 시실리 찻집에서

안목 항(港)에서

안목항의 아침을

따스한 커피 한 잔과

마블 빵으로 연다.

한 밤을 푹 잔

아침 바다는

하얀 하품을 하지 않는다.

오랜만에 집과 교회를 떠난

정화는

작은 행복을 찾느라

미국 딸들에게 동영상을 보내고

딸들과 대화하느라

커피 식는 줄 모른다.

멀리 있으면서도 가까운 딸들!

가까우면서도 멀리 있는 딸들!

스마트 폰이

거리를 좁혀준다.

바다 건너

먼 땅 뉴욕 항에도

아침 바다는

안목 항 바다처럼

사랑하는 딸들에게

평화와 행복을 전하고 있을까?

구성진 비는
아침의 행복을 위해
잠시 물러가 주고 있다.

삼삼오오
옆 좌석의 사람들은
하염없이 대화의 꽃을 피운다.

낯선 클래식 음악이
찻잔 속에 기어든다.

메밀꽃 필 무렵

흰 눈 덮인 것 마냥
봉평 마을 언덕과 들판은
향토 빛 향 내음 나는
메밀꽃으로 뒤덮였습니다.

사랑의 하모니

불협화음 커케포니 모두 한 데 뒤섞인

애잔한 삶 꾸려가던 농민들의

사랑에 얽힌 이야기가 낯설지는 않습니다.

가산 효석은 메밀꽃 필 무렵

메밀꽃 틈바구니에 꼭꼭 숨어

향토민 사랑을 훔쳐보았겠지요?

어디 사랑의 이야기 빼놓으면

인생은 싱겁겠지요?

허생원 사랑 이야기를 또 듣고 싶습니다.

그 옛날이야기를 잊은 듯

물레방아 하염없이 돌고 도는 봉평 마을은

문명의 이기에 찌든 사람들

순수한 사랑을 잃은 사람들의 행렬로

부산(浮散)하기만 합니다.

박과 해바라기

논풀 가득 머리에 이고 있는 초가(草家)는

잃어버린 옛 시간 속으로
나의 영혼을 이끌어 갑니다.

길가에 우뚝 선 장승은
"너희가 사랑을 아느냐?"고
야단치는 모습으로 묻습니다.

한 번뿐인 삶
온 세상에서 선별하여 주신
하나님의 선물인 당신을 존경하며
죽기까지 사랑하겠습니다.

앞에서 언급한 바와 같이, 믿든지 안 믿든지 결혼이라는 인연의 끈을 맺어주시는 분은 하나님이시다. 인류를 번성케 하시는 섭리에 우리 인간은 참여하는 것이다. 에리히 프롬이 말한 대로 만남으로 시작하여 판단하고 결단하고 약속함으로 결혼의 연대 속으로 들어가는 과정은 서로 다를지라도.

나는 개인적으로 **꿈**(Dream)을 존중하며 지금도 꿈 일기를 쓴다.

그렇게 하게 된 동기는 꿈에 관해 배우기 시작하면서다. 특히 존 샌포드(John Sanford)의 「꿈」 하나님의 잊혀진 언어(*Dream-God's forgotten language*)를 비롯한 여러 책이 안내 역할을 해 주었다.[5] 그보다 앞서 나는 하나님은 지금도 꿈을 통해 일하신다는 것을 부분적으로 체험했다. 그 체험이 오히려 꿈에 관한 연구에 가속 페달을 부착해 주었는지도 모른다.

나는 제대와 복학 후, 인천 천광교회 성가대 지휘자 겸 교육전도사로 부임했다. 담임이신 고 여일심 목사님은 인품이 훌륭하고 관대한 분이신지라, 부족한 나를 받아주신 것이다. 나중에 알게 된 사실이지만, 그분의 막내딸은 미술대학을 졸업하고 화실을 운영하고 있었고, 수요 저녁예배 때는 항상 피아노를 쳤었다. 나는 별 관심이 없이 마주치면 눈인사나 할 정도였다.

토요일 학생 예배와 신앙지도가 끝나면, 주일 사역을 위해 부교역자인 풀타임 전도사와 한방에서 잠을 청했다. 그런데 부임한 지 한 달쯤 되었을까? 꿈에 장모님이 한복을 입고 나타나셔서 나를 향해 "내 딸 정화를 데려가라." 하시고는 사라지셨다. 다음 날인 주일 아침, 잠에서 깬 나는 '그냥 꿈이겠지…' 생각하고 그 꿈을 대수롭지 않게 여기고 흘려보냈다. 그 뒤 이광옥 권사님은 이런저런 여인들을 내게 소개하시고, 식비와 데이트 비용까지 주시면서 나를 장가들게 하시려고 안간힘을 쓰셨다. 그러나 나의 마음은 조금도 움직이지 않았다. 모두 한결같이 아름다웠고 사회적인 포지션도 있는 여인들이었지만. 심지어 여의도 초등학교 교사인 분은 결혼하지 않아도 좋으니 친구 관계를 맺자고 제안하기도 했다.

그렇게 약 1년이 지났을까? 이광옥 권사님은 여목사님 막내딸을 소개하기 시작했다. 목회자 딸로 자랐으니 앞으로 나의 목회에 많은 도움을 줄 수 있는 사람이고, 또한 덕성이 있는 사람임을 강조하시면서. 한편 저쪽 처가에 가서는 이기승 전도사가 현재는 어려운 신학생이지만 장래가 있는 사람이라고 하시면서. 중매쟁이는 모두 다 그런 것이려니 할 수도 있는 노릇이었다. 그런데 만나서 차를 마시며 대화하면서 점차 감동이 일기 시작했다. 그건 저편에서도 마찬가지였다. 그래서 양가 부모님의 허락을 얻어 약혼식을 거쳐 결혼식을 올리게 되었다.

나의 진로를 놓고 칠보산 금식기도원에 올라가 20일 금식기도를 드릴 때였다. 7일간은 회개 기도를 하고 8일째부터 진로와 사명 기도를 시작했는데, 8일째 밤 꿈에 게렛신학대학원의 리지스터 오피스(register office)가 보이고 몇 교수와 학생들이 보이더니, 새벽 4시에 일어나 새벽 기도에 참여하기 위해 세수를 하고 준비 기도하는데, 누군가가 곁에서 큰 소리로 "Southern Methodist Seminary!"라고 말하는 것이 아닌가? 나는 옆에 있는 수첩에 그 학교를 적어 두었다.

금식기도를 끝내고 서울 충정로에 있는 감리교신학대학 도서관을 찾아가서 도서관 사서에게 미국 신학교 디렉토리(Directory)를 좀 달라고 하여 그 학교를 찾아보니 달라스(Dallas)에 있었다. 주 하나님의 뜻은 유학에 있음을 믿고 만학도로서 유학길에 올랐고, 하나님은 여러모로 도우시는 은혜를 주셨다. 한마디로 내 힘으로는 불가능한 일을 하나님은 해내셨다.

꿈에는 '하나님의 계시의 차원'이 분명히 있다는 것을 말하기 위해 나의 개인적인 꿈을 소개한 것이다. 일반적으로 말해서 꿈은 우리의 내면세계로 들어가는 사닥다리 역할을 하지만, 오늘도 하나님은 꿈을 통해 말씀하신다고 나는 믿는다. 우리가 알다시피 성경은 꿈 이야기로 가득차 있다. 내가 배우기로는, 종교개혁 시대 이전만 해도 꿈을 소중히 다루었지만, 종교개혁자들에 의해 꿈은 배척되었다고 한다.

이 일 외에도 몇몇 사례가 더 있지만, 선택적인 만남인 결혼과 거리가 있는 것들이어서 기술하지 않는다. 이참에 나는 이 글을 읽는 분들이 꿈을 소중히 여겼으면 하고 바란다.

3. 필로스적인 만남
-인생의 길에서 만난 친구와 의로운 사람들

"어떤 친구는 형제보다 친밀하니라"(잠 18:24하)

"두 사람이 한 사람보다 나음은 그들이 수고함으로 좋은 상을 얻을 것임이라 혹시 그들이 넘어지면 하나가 그 동무를 붙들어 일으키려니와 홀로 있어 넘어지고 붙들어 일으킬 자가 없는 자에게는 화가 있으리라 또 두 사람이 함께 누우면 따뜻하거니와 한 사람이면 어찌 따뜻하랴 한 사람이면 패하겠거니와 두 사람이면 맞설 수 있나니 세 겹 줄은 쉽게 끊어지지 아니하느니라"(전 4:9-12)

"요나단의 마음이 다윗의 마음과 하나가 되어 그를 자기 생명같이 사랑하니라"(삼상 18:1)

"사람이 친구를 위하여 자기 목숨을 버리면 이보다 더 큰 사랑이 없나니"(요 15:13)

인생에서 소중한 자산이 있다면, 그것은 사랑하는 친구와 사랑하는 사람들과의 만남이다.

다윗과 요나단의 필로스적인 사랑의 만남은 너무 감동적이다. 사랑은 죽음보다 강하다고 했는데(아 8:6), 요나단은 다윗을 그렇게 사랑했다. 애석하게도 요나단은 길보아 전투에서 부친 사울과 함께 전사했지만, 그는 평소 목숨 걸고 다윗을 사랑했다.[6]

우리 인생에서 이와 같은 만남을 갖는다면, 이와 같은 사람을 만난다면 우리는 얼마나 행복할까? 목숨을 건 사랑의 차원이 아닐지라도 변함없는 신실한 사랑을 주고받을 수 있는 친구가 있다면, 그것은 사막에서 오아시스를 발견한 것처럼 환희에 찬 행복일 수 있지 않을까? "친구를 보여달라. 그러면 네가 어떤 사람인지를 말해주겠다."는 말은 친구의 선택이 얼마나 중요한지를 말해 준다.

함석헌 옹의 글은 우리의 가슴을 뭉클하게 한다.

그대 그런 사람을 가졌는가?

만리길 나서는 길

처자를 내맡기며

맘놓고 갈 만한 사람

그 사람을 그대는 가졌는가

온 세상이 다 나를 버려

마음이 외로울 때도

"저 맘이야" 하고 믿어지는

그 사람을 그대는 가졌는가

탔던 배 꺼지는 시간

구명대 서로 사양하며

"너만은 제발 살아다오" 할

그 사람을 그대는 가졌는가

불의의 사형장에서

다 죽어도 너희 세상 빛을 위해

저만은 살려 두거라 일러 줄

그 사람을 그대는 가졌는가

잊지 못할 이 세상을 놓고 떠나려 할 때

"저 하나 있으니" 하며

빙긋이 웃고 눈을 감을

그 사람을 그대는 가졌는가

  온 세상의 찬성보다도
"아니" 하고 가만히 머리 흔들
그 한 얼굴 생각에
알뜰한 유혹을 물리치게 되는
그 사람을 그대는 가졌는가

좋은 친구도 필요하지만, 우리 편에서 다른 사람에게 좋은 친구가 되어 주는 일이 더 중요하고 급선무라고 나는 생각한다.

그런데 친구 관계에서 중요한 많은 것이 있겠지만, 나는 개인적으로 약속을 지키는 일이 무엇보다 중요하다고 믿는다. 약속을 지키는 친구는 진정한 친구다! 그것이 무슨 약속이든지 간에. '약속은 인격의 시금석(touchstone)'이자 바로미터(barometer)다.[7]

지금까지 인생을 살아오면서 이런 친구를 만나지 못했다면, 앞에서 언급한 데로 우리 자신이 그런 친구가 되어 주는 것은 가치 있는 일이다. 나는 지금 그렇게 노력하고 있다.

비록 나이는 나보다 어리고 조금 젊지만, 나는 개인적으로 신실한 한 목회자를 만났는데, 그와 만나서 교제하면 서로의 흉금을 털어놓고 대화하며 위로할 수 있다. 양귀원 목사는 내가 교육전도사로 사역할 당시 인천 천광교회의 학생회 회장직을 맡고 있었다. 외모도 좋지만 얼마나 믿음이 좋고 착하고 성실한지, 오랜 중보기도 끝에 하나님의 종의 길을 갈 것을 권고했는데, 그는 기도 후 결단하고 신학대학의 문을 두드렸다. 그 후 미션계 고등학교의 교목을 하면서 교회를 섬기다가 교목생활을 정리하고 오로지 교회의 목회사역에 전념했다. 그를 위해 하루도 빠짐없이 중보기도 하던 나는 그를 서울에 있는 4, 5백 명 정도의 교회에 담임목사로 추천했는데, 하나님의 은혜로 그는 그 교회에 부임하여 사역을 잘 감당하고 있다.

웬만한 사람이면 한두 번 찾아와서 고맙다는 인사를 하고는 받은 은혜를 곧장 잊어버리고 관계를 접을 수도 있지만(내가 베푼 은혜라기보다는 하나님의 은혜다!), 그는 5, 6년이 지난 지금도 일 년에 두어 차례씩 사모와 함께 나를 찾아와서 목회에 담긴 애환을 나누며 서로 위로한다. 믿고 스스럼없이 대화를 꽃피울 수 있다는 것은 정말 귀한 일이다. 그는 신실한 믿음과 마음을 지닌 이 시대에 찾아보기 힘든 사람이다. 양귀원 목사는 내게 너무 소중한 후배이자 친구이다. 나는 그로 인해 하나님께 늘 감사하고 있다.

심봉섭 목사는 나와 동역할 때 한 번도 얼굴 찌푸리는 일 없이 땀을 흘리며 나를 도와주었다. 사모님은 우아할 뿐 아니라 참 겸손하고 부드러우시다. 그를 위해 하루도 거르지 않고 중보하고 있는데, 하나님은 몇 년 그를 대교회에서 부목사로 훈련받게 하신 후 지방에 있는 큰 교회 담임목사로 부임하게 하신 다음 목회에 승리하도록 돕고 계신다. 윗사람에게 그렇게 충성하는 사람은 하나님께도 충성스럽다.

박효근 목사는 나를 돕는 부교역자였는데, 그렇게 뜨거울 수 없었다. 나는 그에게서 성령님을 향한 열정을 배웠다.

성결교단에 소속한 같은 지방회에서 목회하는 시인인 이무영 목사는 내가 인생 후반기에 만난 좋은 친구다. 그는 나처럼 꽃을 좋아하고 음악을 좋아한다. 그는 뛰어난 감각과 유머로 줄곧 대화의 물꼬를 확 트고 주변 사람들의 마음을 녹인다. 여성스러우면서도 강한 사나이의 품격을 지닌 그는 나의 든든한 보디가드 같은 친구다. 나는 이런 좋은 친구를 만나게 해 주신 하나님께 감사하고 있다.

나의 복학시절(대신교회 성가대 지휘자겸 교육전도사) 권대영사모님(신상범목사)은 진정한 사모의 모습을 보여주었다.

춘천의 한 교회에서 40년 가까이 사역하고 있는 신재원 목사는 세상이 주는 달콤한 명예와 유익을 멀리하며 청렴하고 신실하게 살아가는 하나님의 거룩한 종이다. 사명감을 갖고 제자훈련 사역을 지속적으로 하고 있는데, 그 자신이 예수님의 제자의 삶을 살아간다. 그의 곁에서 사역하는 피종호 목사 역시 신실한 종의 삶을 살아가는데, 그는 특별히 넘치는 유머로 주변 동역자나 신자들의 삶에 안식과 기쁨을 주는 독특한 친구다. 하나님은 이와 같은 친구들과 사랑을 나누면서 함께 사역의 길을 걷게 하시는 복을 허락하셨다.

박광수 목사는 모든 영역을 아울러 도통한 박사다. 늦은 밤에도 내가 부르면 쏜살같이 달려와 해결해 주는 신실한 하나님의 종이다. 원광호 목사는 폭넓은 식견과 리더십으로 동기회를 이끌어가는 탁월한 행정가이다. 김종웅, 박명철, 박권배, 강영주, 전현석 목사들은 정말 하나님 앞에 신실한 일꾼이자 학자들이다. 건국대 교수직을 내려놓고 늦게 목회사역에 뛰어든 최명덕 목사는 목회에 승리하며 지역사회의 존경을 한 몸에 받고 있다. 이들 모두는 내 인생에 내리신 하나님의 축복이다.

그런데 가까운 친구뿐만 아니라 하나님을 믿음 안에서 신실한 신앙의 사람들을 만난다면, 그 또한 큰 축복이 아닐 수 없다. 신실성(faithfulness)은 관계의 초석이다.

나의 미국 유학시절 만났던 시카고 성결교회 이치연 장로님은 약 2년 동안 주일이 되면 우리 딸들을 맡아 주셨다. 시카고에서 시속 120km로 달려 2시간 30분 정도 걸리는 켄케키(Cankekie)에 위치한 댁에서 딸들을 보살피고 계시면, 나는 덴빌(Denvil)에 있는 한인교회[8]에서 사역하고 돌아올 때 딸들을 픽업(pick up)하곤 했다. 이 장로님의 사랑은 "나도 사람들을 사랑해야지" 하는 교훈과 도전을 남겨주셨다.

시카고 교외에 위치한 가든글로버 한인감리교회 정홍 장로님을 나의 아내는 '작은 예수 그리스도'로 칭한다. 그만큼 그는 예수 그리스도의 향기를 뿌리는 삶을 사셨다. 그분은 유학을 마치고 귀국하려던 나를 위해 7일을 기도하신 후 우리 딸들을 위해 흔쾌히 방을 내주시고, 아버지의 마음으로 딸들을 돌보아 주셨다. 사시는 집이 커서도 아니고, 당시 생활에 여유가 있어서도 아니다. 오로지 예수 그리스도의 사랑으로 맡아주신 것이다. 그래서 딸들은 그분의 보호 아래 고등학교까지 잘 마치고 대학에 들어갈 수 있었다. 장로님 내외분은 매달 내는 월 페이(monthly pay)인 모기지(mortgage, 주택담보대출)보다 믿음으로 십일조를 더 하시고, 우리가 조금 드리는 딸들의 생활비를 선교비로 쓰시는 분이시다. 두 내외는 "목사님, 사모님, 언제든지 오셔서 내 집처럼 쓰세요!" 말씀하시곤 하셨다. 장로님이 경영하시는 잡화 가게 안에는 출입하는 고객이나 방문객들을 위한 따스한 커피와 과일이 항상 준비되어 있었고, 유학생들을 위한 섬김은 유독 남달랐다. 유학생들은 장로님 내외분을 교회 목사로 생각할 정도였다. 비단 이뿐이랴? 숨겨진 선행과 스토리는 캐낼 수 없을 정도일 것이다.

은평교회 이정애 권사님은 사랑으로 우리 두 딸을 품어주셨고, 서울

중앙교회에서 만난 신을숙, 임현수, 백정순 권사님들은 기도와 물질의 후원자가 되어 주셨고, 원주에서 만난 이재선, 이해주, 신미현, 한양우 권사님들은 "예수님 같은 우리 목사님~" 하면서 헌신적으로 동역해 주셨다. 영어 교사이신 조미순 권사님은 부족한 나를 만나게 하신 하나님의 은혜를 감사하면서 세월의 흐름에 상관없이 지금도 나를 기억하고 사랑해 주신다. 지금의 목회현장에서는 김향숙 권사님(나의 오른팔이 되신다!)과 이경신, 홍현미, 박혜숙, 신인자 권사님을 비롯한 몇 분의 권사님들이 헌신적으로 동역해 주고 계신다.

신실하신 하나님은 목회현장마다 사랑의 동역자를 예비해 주셨다. 순복음영산신학원에서 만난 이은혜전도사님은 나의 강의를 받은 후 7년 이상 기도의 동역자가 되어 주시고 넘치는 사랑을 부어주고 계신다. 지상사역을 하실 때 주님을 도왔고 사도 바울을 도운 부녀들처럼, 이들은 예수 그리스도의 신실한 제자들로서 부족한 나의 동역자로 사역했고 또 사역하고 있다. 최강길 집사님은 부족한 종인 나의 건강을 항상 챙겨주시고 교회를 알뜰히 섬기면서 항상 즐거운 마음으로 성도들을 위한 수고를 아끼지 않는다. 이들의 이름은 하늘나라 생명책에 기록되어 있을 것이다!

비단 이분들뿐이랴? 거명하자면 지면과 시간이 부족할 따름이다. 내가 이들의 이름을 밝힌 것은 이 글을 통해서라도 감사를 표현하고 싶

었기 때문이다.

나는 하나님이 만나게 해 주신 신실한 믿음의 사람들을 생각하면서 글을 하나 써 보냈다.

그들은 믿음을 저버리지 않았다

나는 꽃을 무척 사랑한다.
그래서 해마다 좁은 뜨락에 꽃을 심는다.
마실 다니다가도 꽃을 보면
때를 기다렸다가 씨를 받아 온다.

봄이 오기를 가다렸다가
넉넉지도 못한 공간을 미안해하면서
깊지도 못함을 미안해하면서
한 해를 침묵 속에 기다려준
꽃씨를 떨어뜨린다.

올해도 꽃씨들은 나의 미안해함을 받아주면서
흔쾌히 뜨락에 몸을 던져주었다.
좁은 공간 때문에 서로 다투지 않았다.

얕은 깊이 때문에 투정도 안 했다.

꽃씨들은 나의 믿음을 저버리지 않았다.
서로의 운명을 받아들이더니
그 청초하고 가녀린 고개를 내밀더니
해맑은 얼굴에 미소를 담고
간밤 비에 부쩍 자랐다.

왜 인간들만이 믿음을 저버리는가?
하나님을 저버린 과거의 상처가
저버림의 씨앗인가?

믿음의 공동체를 저버리는 것은
자신을 저버리는 죽음이다.
씨앗들은 죽어서 꽃을 피우지만
그런 죽음은 꽃 못 피우는
의미 없는 죽음이다.

하나님의 섭리와 명령을 간직한 꽃씨들!
떨어진 뜨락을 사명지로 받아들여
순응하는 꽃씨들에게서

믿음과 순종의 원리

신실함의 원리를 터득하는 신선한 아침.

오늘 아침은

내가 그들에게 물주지 않아도 되는 아침이다.

북상하는 태풍 디엔무를

잘 견디어 주기를

바라는 마음 간절하다.

4. 실존적이며 궁극적인 만남

"무리가 몰려와서 하나님의 말씀을 들을새 예수는 게네사렛 호숫가에 서서 호숫가에 배 두 척이 있는 것을 보시니 어부들은 배에서 나와서 그물을 씻는지라 예수께서 한 배에 오르시니 그 배는 시몬의 배라 육지에서 조금 떼기를 청하시고 앉으사 배에서 무리를 가르치시더니 말씀을 마치시고 시몬에게 이르시되 깊은 데로 가서 그물을 내려 고기를 잡으라 시몬이 대답하여 이르되 선생님 우리들이 밤이 새도록 수고하였으되 잡은 것이 없지마는 말씀에 의지하여 내가 그물을 내리리이다 하고 그렇게 하니 고기를 잡은 것이 심히 많아 그물이 찢어지는지라 이에 다른 배에 있는 동무들에게 손짓하여 와서 도와 달라 하니 그들이 와서 두 배에 채우매 잠기게 되었더라 시몬 베드로가 이를 보고 예수의 무릎 아래에 엎드려 이르되 주여 나를 떠나소서 나는 죄인이로소이다 하니 이는 자기 및 자기와 함께 있는 모든 사람이 고기 잡힌 것으로 말미암아 놀라고 세베대의 아들로서 시몬의 동업자인 야고보와 요한도 놀랐음이라 예수께서 시몬에게 이르시되 무서워하지 말라 이제 후로는 네가 사람을 취하리라 하시니 그들이 배들을 육지에 대고 모든 것을 버려 두고 예수를 따르니라"(눅 5:1-11)

혹시 앞에서 말한 만남들이 무위(無爲)로 끝나거나 세속적인 표현으로 그다지 성공적이지 못하거나 만족하지 못해도, 혹 아픔이 있을지라도 인생에서 꼭 이루어져야 할 절대적인 이 만남을 가지면 그 인생은 성공적인 인생이다. 왜냐하면 우리 인생은 이 땅에서만 설명되는 것이 아니라 세상 배후의 '영적 세계와 관련'이 있기 때문이다. "사람이 한 번 죽으면 그로써 끝난다"라는 거짓 믿음은 사탄이 만들어낸 속임수다. 성경은 "한 번 죽는 것은 사람에게 정한 이치요 그 후에는 심판이 있으리라"(히 9:27)고 말씀하기 때문이다.

1) 시몬 베드로와 예수의 실존적이며 궁극적인 만남

시몬 베드로는 처음 예수를 만났을 때, 그분을 한 사람 선생(epistata)으로만 보았다. 물고기 잡는 데 이력이 난 시몬에게 밝은 아침 깊은 데로 가서 손질해 놓은 모든 그물들(ta tektua)을 내리라는 말은 어불성설이었다. 그래서 그는 한 개의 그물만(ton tekton)을 내렸다. 예수의 말의 어리석음(absurdity)을 증명이라도 할 속셈으로.

그런데 엄청난 물고기가 잡혀서 그물은 찢어지고 말았다. 어마어마

한 충격을 받은 시몬은 예수 앞에 엎드려 *"주여(Kuprie), 나를 떠나소서, 나는 죄인로소이다"* 하고 거룩하시고 능력 있는 창조주 앞에서 자신이 죄인임을 고백했다.

칼빈(John Calvin)은 「기독교강요」(*Institutes of Christian Doctrine*)에서 인간은 '하나님에 관한 올바른 지식'(knowledge of God)을 가질 때 비로소 '자신에 관한 바른 지식'(knowledge of Self)을 가질 수 있다고 말했다. 이사야는 거룩하신 하나님을 뵌 후 자신이 죄인임을 발견했다(사 6:1-8). 그리고 죄 사함 받은 후 사명(calling)을 받았다. 파스칼(Pascal)은 인간이 하나님을 만날 때 비로소 사명적 자아가 된다고 말했다. 쾌락과 관능을 추구하는 심미적 실존(esthetic existence), 무엇이 옳고 그른가를 식별하는 윤리적 실존(ethical existence)이라도, 영원하신 하나님을 만나서 죄 사함을 받고 나름대로의 사명(calling)을 받아서 그것을 실천하는 '신앙적 실존'(Religious existence)이라야 참된 실존이다.

부활하신 예수는 다시 호숫가에 찾아오셔서 시몬에게 배 오른편(덱시오스 Dexios)에 그물 하나(ton techton)를 내리라고 말씀하셨고, 그분의 말씀에 절대 순종한 시몬은 153마리의 큰 물고기를 잡는다(덱시오스는 온전한 믿음과 온전한 신뢰, 그리고 온전한 순종의 자리다). 그러나 그렇게 많은 물고기가 잡혔지만 그물은 찢어지지 않았다(요 22:1-11). 여기서 153 플레소스(plesos)는 "충만 수(數)" 혹은 완전한 축복을 상징한다. 하나님과 그분의 아들 주 예수 그리스도를 만나는 실존적이고 궁극적인 만남을 통해 우리는 비로소 구원 곧 영생을 얻은 후 사명의 삶을 사는 참된 존재가 된다.

많은 사람은 오로지 소유를 추구하고 그것을 자신의 존재와 행복의 기반으로 삼으려 하지만, 소유가 인생의 목적은 아니며 그것은 인간에게 참 행복을 주지 못한다.

포항에서 어업을 하는 김집사님은 어업이 잘 안 될 뿐 아니라 산더미 같은 빚을 떠안고 있었다. 그럼에도 불구하고 그는 사업의 형통과 빚 청산을 위해 기도하기보다는 허물어져 가는 교회당을 위해 안타까운 마음으로 기도하고 있었다. 한 번은 동생이 새로 산 승용차를 끌고 교회당에 왔다. 그는 "주님의 종 목사님도 승용차가 없는데 어찌 너부터 승용차를 타느냐?"고 호되게 꾸짖었다. 그 정도로 목사님을 존경하고 힘을 다해 동역하는 신실한 교회의 일꾼이었다

그런데 크리스마스이브 밤, 동생이 숨을 헐떡이면서 달려왔다. "형, 큰일 났어요! 빨리 와 보세요!" 해서 달려가 보니, 어장에 방어 떼가 수북이 들어와 있었다(당시 가격으로 한 마리 당 약 15만원 정도). 도무지 이해할 수 없는 것은 주변의 다른 사람들의 어장도 많았는데 그들의 어장에는 한 마리도 들어가지 않고 마치 그 어장들을 피해 간 것처럼 김집사님 어장에만 들어왔기 때문이었다. 그렇게 되려면 방어 떼가 일렬종대로 선 다

음 맨 앞의 방어가 모두를 향해 "앞으로 가~" 해서 한 줄로 서서 집사님의 어장에 들어와야 했다. 그렇게 약 2억 정도 번 돈으로 먼저 교회당을 말끔히 수리 보수하고 목사님 승용차도 사드리고 빚도 갚았다.

그런데 하나님의 축복은 덤으로 온다. 그 일이 있은 후 얼마 되지 않아서 밍크고래 두 마리가 집사님의 어장에 들어와 조용히 계시더라는 것이다. 말이 밍크이지 이놈들은 성질이 사나워 어장쯤이야 몸부림으로 단번에 망가뜨릴 수 있었는데, 어찌 된 영문인지 조용히 쉬고 계시더란다. 밍크고래는 해양경찰에 보고해야 할 어종이라서 해양경찰에 보고하고 바닷가로 끌고 나오는데도 몸부림 한 번 안치고 점잖게 끌려 나오더라는 것이다. 결국 또 수억을 벌었는데, 김집사님은 사랑하는 하나님으로부터 큰 복을 받았다. 결국 153의 복을 받은 것이다!

그는 여의도 순복음교회를 위시하여 많은 교회에서 간증했고, 그에 관한 기사는 교계 신문에도 난 바 있고(지금 내가 간직하고 있다) 간증 테이프도 많이 소개, 판매되었다.

그는 "현대판 베드로"로 소문이 나 있다!

2) 이니시어티브를 갖고 계신 하나님

그런데 이 실존적이며 궁극적인 만남의 이니시어티브(Initiative, 주도권)

는 전능하신 하나님께 있다. 환언하면 하나님이 주도권을 쥐고 계신다. 그것은 은혜의 선물(gift of grace)로 나타난다. "우리를 구원하시는 하나님의 은혜가 나타나며"(딛 2:11이하) 우리는 믿음을 통하여 그것을 받아들인다. 성령 하나님은 우리 안에서 믿음을 갖도록 역사하신다.

이 궁극적 만남으로 우리는,

어둠에서 빛으로, 사탄의 권세에서 하나님께로 돌아간다(행 26:18).
흑암의 권세에서 하나님의 사랑의 아들의 나라로 옮겨진다(골 1:13).
그래서 하나님의 가족(God's family)이 된다(엡 2:19).
예수께서 약속대로 다시 오시면, 하나님의 장막인 하늘나라에 들어가서 하나님과 영원히 살게 된다(계 21:3).

이 땅 위의 삶은 잠시 정처 없는 나그네의 삶이다.
죄, 질병, 눈물, 고통, 시험, 그리고 죽음의 종노릇 하는 삶이다. 죽음은 우리의 삶에 종지부를 찍는다. 그러나 인간의 최후의 딜레마인 죽음은 최후에 죽게 된다.

"보라 내가 너희에게 비밀을 말하노니 우리가 다 잠 잘 것이 아니요 마지막 나팔에 순식간에 홀연히 다 변화되리니 나팔 소리가 나매 죽은 자들이 썩지 아니할 것으로 다시 살아나고 우리도 변화되리라 이 썩을

것이 반드시 썩지 아니할 것을 입겠고 이 죽을 것이 죽지 아니함을 입
으리로다 이 썩을 것이 썩지 아니함을 입고 이 죽을 것이 죽지 아니함
을 입을 때에는 사망을 삼키고 이기리라고 기록된 말씀이 이루어지리
라 사망아 너의 승리가 어디 있느냐 사망아 네가 쏘는 것이 어디 있느
냐"(고전 15:51-55)

죽음은 부활로 철폐되고, 영생이 펼쳐지는 그 날을 궁극적인 만남을
가진 자들은 볼 것이다! 영원한 하나님의 나라(kingdom of God)에서!

3) 만나백성, 케리그마적 실존

하나님과 궁극적인 만남을 가진 그리스도인은 말씀으로 살아간
다. 그래서 성경은 그들을 만나 백성(manna people), 케리그마적 실존
(kerygmatic existence)이라고 말씀한다.

"너를 낮추시며 너를 주리게 하시며 또 너도 알지 못하며 네 조상들도
알지 못하던 만나를 네게 먹이신 것은 사람이 떡으로만 사는 것이 아니
요 여호와의 입에서 나오는 모든 말씀으로 사는 줄을 네게 알게 하려
하심이니라"(신 8:3, 마 4:4).

"하나님의 말씀은 살아 있고 활력이 있어 좌우에 날선 어떤 검보다도

예리하여 혼과 영과 및 관절과 골수를 찔러 쪼개기까지 하며 또 마음의 생각과 뜻을 판단하나니"(히 4:12).

하나님의 말씀을 듣고 순종으로 반응할 때, 우리는 "지금 여기서(here and now) 종말에 누릴 안식(eschatological shabat)에" 참여한다. 이는 지금과 종말 사이에 누리는 안식이므로 게렛신학대학의 로버트 쥬엣(Rovert Juatt) 교수는 '변증법적 안식'(dialogical shabat)으로 해석한다.

경건한 욥은 하루에 정해 놓은 음식보다 하나님의 말씀을 더 소중히 여겼다(욥 23:12). 시편 기자는 정결한 삶을 위해 하나님의 말씀을 마음에 두었고(시 111:9), 눈이 피곤할 정도로 말씀을 읽고 묵상했으며(시 119:82), 말씀을 묵상하기 위해 새벽에 눈을 떴다(시 119:148).

육신을 위한 음식은 꼬박꼬박 챙겨 먹으면서 영의 양식인 하나님의 말씀을 온통 금식한다는 게 맞는 일일까?

성경 말씀을 도통 읽지 않던 한 신자가 "오랜만에 성경을 한번 열어 보아야 겠다" 하고 "짠~" 하고 성경책을 펼치니 "(가룟 유다가) 스스로 목매어 죽으니라"(마 27:5)가 나왔다. 다시 한번 성경책을 펼치니, 이번에는 "너도 이와 같이 하라"(눅 10:37)는 말씀이 나왔다. 그는 "에이~ 재수 없다! 삼세번이다" 하고 성경책을 펼치니 이번에는 "네가 하는 일을 속히 하라"(요 13:27)는 구절이 나왔다. 그 후로 그는 다시 성경책을 열지 않

있다고 한다!

4) 기도를 통해 역사하시는 하나님

하나님과 실존적이며 궁극적인 만남을 가진 자는 만남 이후부터 기도로 삶을 운행한다. 기도는 그들을 하나님 가까이 이끌며(신 4:7) 하나님과 연합(union with God)을 이루게 한다.

유대 신비 전통에 의하면, 유대인들은 기도와 찬양, 그리고 금식을 통해 위로 상승하여 하나님의 전차이자 보좌인 '**메르카바**'(Merkaba)에 도달하려고 했다. 기기에 도달하고자 했던 목표는 하나님과의 연합이었다. 그만큼 그들에게 기도의 역할은 중대했다. 유대 신비 전통과는 달리, 아빌라의 테레사(Teresa of Avilla)는 관상기도(contemplative prayer)를 통해 내면 깊은 곳에서 하나님과 연합을 이루는 신비한 체험을 했다. 어거스틴(Augustine)은 "내면으로 들어가는 것이 위로 올라가는 것이다"라고 말했다. 위로 상승하든지 내면으로 들어가든지, 중요한 것은 기도를 통해 하나님을 만나는 것이다.[9]

시편 기자는 이른 아침에 눈을 뜬 후 하나님께 기도했다(시 5:3). 하나님은 새벽에 도우시는 하나님이시기 때문이다. 하나님은 새벽에 홍해를 가르시고(출 14:24), 요단강을 말리시고(수 3:1-17), 여리고성을 무너뜨

리셨다(수 6:15). 하나님은 당신이 새벽에 찾는 자를 만나주신다.

한편 위급할 때 하나님을 찾는 긴급전화는 333이다(렘 33:3).

"너는 내게 부르짖으라 내가 네게 응답하겠고 네가 알지 못하는 크고 은밀한 일을 네게 보이리라"(렘 33:3).

기도 없는 삶은 하나님 없이도 내가 내 행복의 주관자가 되어 나 홀로 잘 살 수 있다는 불신앙이자 교만이다!

아주 오래 전 한 외국 선교사가 한국에 복음을 전하러 왔다. 이 마을에서 저 마을로 전도여행을 하던 이 선교사는 어느 날 저녁 한 주막을 들르게 되었다. 주막 여인네는 밤에 저 마을로 가기 위해 산을 넘는 것은 맹수들의 출몰로 무서운 일이라 넘지 말라고 당부했다. 믿음이 좋고 담력이 큰 선교사는 주막 아낙네의 조언을 무시하고 한밤중에 산을 넘기 시작했다. 한참 어둠 속을 지나가는데 밝은 두 개의 서치라이트(search light)가 가까이 다가오고 있었다. 틀림없는 호랑이였다. 일순간 겁을 덜컥 먹은 선교사는 걸음아 날 살려라 달리기 시작했다. 천천히 오던 두 불빛도 빨리 쫓아오기 시작했다. 진땀을 빼며 달리던 선교사는 포기하고 땅바닥에 털썩 주저앉아 "하나님, 살려 주십시오." 하고 기도하기 시작했다. 한동안 기도하던 중 한쪽 어깨가 따뜻해서 눈을 떠 보니, 호랑이가 곁에 나란히 앉아서 기도하고 있었다. 하도 신기해서 선교사는 "얘 호랑아, 너도 예수 믿니?" 하고 물으니 호랑이는 눈을 깜박거리며 고개를 끄덕였다. 그래서 선교사는 다시 물었다. "너 무슨 기도하니?" 그 물음에 호랑이는 "식사기도 한다."라고 하더란다.

내가 개인적으로 아는 기도하지 않는 어떤 목사이자 신학자는 기도 없는 삶을 합리화하는 듯 "생활이 곧 기도이다"라고 떠들어댄다. 그러면서도 주의 종을 훈련시키고 배출하는 강단에는 용기(?) 있게 오른다. 기도로 목회의 승부를 걸어야 할 신학도들이 그에게서 무엇을 배울까 한심스럽기만 하다.

사탄 마귀는 기도하지 않는 목회자, 교회 지도층, 그리고 신자, 곧 하나님을 인격적으로 만난 사람들이라도 겁내지 않는다. 우는 사자처럼 그들을 삼키려 달려들고 있다(벧전 5:8). 어떤 면에서 기도 없는 개인, 기도 없는 교회는 마귀의 입에 이미 삼킴을 당했는지도 모른다. 그래서 죽은 사데 교회처럼 산 송장으로 누워있을지도 모른다. 형식은 남아 있을지언정.

내가 개인적으로 존경하는 선교사 헤인스(Mrs Heins) 부인이 미국으로 돌아가면서 내게 남겨 준 목각 하나가 있다. 거기에는 이런 글귀가 적혀있다.

Only one life

Handle it with prayer!

한 번뿐인 인생

기도로 운행하시오!

그렇다! 인생은 한 번뿐이다. 지나가면 반복하여 되돌릴 수 없다. 다시는 반복할 수 없는 소중한 인생을 하나님이 맡아주시도록 기도로 하나님의 손에 올려놓는 것만큼 안전은 없다!

5) 찬양에 비례하는 승리와 복된 삶

하나님과 궁극적인 만남을 가진 자만이 승리와 복된 삶을 누리는 비결이 있다. 그것은 곧 찬양하는 삶이다.

모압 자손과 암몬 사람들과 마온 사람들이 연합군을 형성하여 여호사밧을 치러 왔을 때, 여호사밧과 그의 군대는 사면초가에 빠졌다. 대처할 수 있는 일은 무엇 하나 없었다. 그때 여호사밧은 금식 기도하며 오로지 하나님만 바라보았고, 찬양하는 사람들을 뽑아 거룩한 옷을 입힌 후 하나님을 찬양하게 했다. 찬양이 시작되자마자 하나님의 군대가 나타나 연합군을 대패시켰다. 그리고 전리품을 취하는 데 3일이 걸렸다(대하 20장).

"하나님은 우리에게 은혜를 베푸사 복을 주시고

그의 얼굴 빛을 우리에게 비추사

주의 도를 땅 위에, 주의 구원을 모든 나라에게 알리소서.

하나님이여, 민족들이 주를 찬송하게 하시며

모든 민족들이 주를 찬송하게 하소서.

온 백성은 기쁘고 즐겁게 노래할지니

주는 민족들을 공평히 심판하시며

땅 위의 나라들을 다스리실 것임이니이다.

하나님이여, 민족들이 주를 찬송하게 하시며

모든 민족으로 주를 찬송하게 하소서

땅이 그의 소산을 내어주었으니

하나님 곧 우리 하나님이 우리에게

복을 주시리로다.

하나님이 우리에게 복을 주시리니

땅의 모든 끝이 하나님을 경외하리로다"[10]

이 시편을 깊이 묵상해보라. 땅 위의 수확 곧 복은 찬송과 비례함을 말씀한다.

우리가 아는 바와 같이, 다윗은 하나님을 기뻐하고 시와 찬양으로 늘 하나님을 송축(adoration)하는 삶을 살았다. 그가 하나님의 마음에 연합된 자로 하나님의 찾음 혹은 추적(search)[11]을 받은 이유 중의 하나는 바로 그 때문이었을 것이다. 왜냐하면 하나님은 찬양 속에 임재[12]하시기 때문이다.

글을 마치면서

　오늘 새벽은 여느 새벽과는 유난히 달랐다. 그간 잘 보이지 않던 별들이 보인 것이다. 이웃의 반달은 제 자리를 지키면서 작은 별들과 함께 빛을 뿌리고 있었다. 나는 새벽기도를 위해 어두운 길을 나서면서 하나님께 감사 기도하면서 찬양을 올려드렸다. 별들의 수효를 세시고 그 이름을 하나하나 부르시는 창조주 하나님의 위대하심과 세심한 보살핌의 은혜[13]를 생각하면 할수록 감사와 찬양이 터져 나온다.

　나는 이따금 잠자리에서 깨면, 하나님이 나를 찾아 만나주신 은혜와 사랑을 생각하면서 깊은 묵상에 잠긴다. 어찌 나 같은 벌레와 있으나 마나 한 먼지를 찾아주셨는지! 믿음 밖에 있는 나를 가정하고 생각하면 너무나도 끔찍하여 온몸에 소름이 돋는다.

　하나님은 훌륭한 신앙의 선조들과 부모님을 만나게 해 주셨고, 착한 믿음의 아내를 만나도록 섭리해 주셨고, 좋은 친구들을 만나게 섭리해 주셨을 뿐 아니라, 궁극적으로 실존적이고 궁극적인 만남을 이루어주

셨다. 이 세상에서는 땅 한 평 물려받지 못했지만, 신앙의 유산을 이어
받은 것이 억만금보다 더 귀하다. 그래서 나는 깨달았다. 참된 행복(眞
福)은 만남에서 오는 것이라고!

어떤 학자는 행복이 인생의 목표가 아니라고 말한다.

나는 그 말에 일부 동의한다. 인생의 목표는 우리 개개인의 행복에 있
지 않고 창조주시며 구속자이신 하나님을 기뻐하고 그분을 기쁘시게
섬기는 것, 즉 영광을 돌려드리는 것에 있다. 내가 말하고자 하는 바는
하나님을 만날 때 우리 인생은 의미 있고 복된 삶을 살게 된다는 것이
다.

나는 글을 마치면서 성령께서 오셔서 우리의 눈을 열어주시기를 기도
한다.

참된 행복이 무엇인지를 조명해 주십사 하고.

Bene Sancte Spiritus.

Mane Sancte Spiritus.

오소서 성령.

머무소서 성령.

참고도서

1. 존 그레이, 김경숙 역. 「화성에서 온 여자 금성에서 온 남자」 서울: 동녘 라이프출판사, 2110.

2. 존 센포드, 정태기 역. 「꿈」 하나님의 잊혀진 언어. 서울: 대한기독교서회, 1918.

3. ames B. Ashbrook. *Brain, Culture & the Human Spirit*. Lanham, New York, London: University Press of America, 1995.

4. Erik H. Erikson. *Identity and the Life Cycle*. W W Norton & Company: New York, London, 1980.

미주

1) 당시 목사님은 나의 장인이 되신 고 여일심 목사님이시다.

2) 마 7:3-5.

3) James B. Ashbrook, *Brain, Culture & the Human Spirit*, Lanham(New York. London: University Press of America). 133.

4) Erik H. Erikson, *Identity and the Life Cycle*(W W Norton & Company: New York, London, 1980), 21-23.

5) 존 센포드, 정태기역, '꿈' 하나님의 잊혀진 언어(서울:대한기독교서회, 1918), 35.

6) 알다시피 "신발을 벗는다는 것"은 권리포기이다. 요나단은 다윗을 사랑하여 모든 것을 다 주었지만, 신발은 주지 않았다. 만일 신발까지도 벗어 주었다면, 그리하여 아버지 곁을 떠나 다윗과 함께했더라면 길보아 산에서의 죽음을 피하고 다윗과 함께 나라를 세웠을까?

7) 참조, 민 23:16. 하나님은 말씀을 지키시는 신실하신 하나님이시다.

8) 덴빌 한인교회는 미국 교회를 빌려 오후 1시에 예배를 드렸다.

9) 9개의 천궁, 헤칼로트hekalot를 통과한 이후 메르카바에 도달한다. 그런데 성 어거스틴은 내면으로 들어가는 것이 곧 위로 상승하는 것이라고 말했다. 관상기도는 내면 깊이 들어가서 하나님을 만나는 길인 것을 아빌라의 성 테레사는 그녀의 경험을 인테리어 캐슬*Interior Castle*에서 서술한다.

10) 시편 67편.

11) 성경에는 "만나니"로 번역되어 있다.

12) 시 22:3.

13) 시 147:4.

만남을 통해 복 주시는 하나님

발행일 2022년 4월 30일 초판 1쇄 발행

지 은 이   이기승
발 행 처   선교횃불
등 록 일   1999년 9월 21일 제54호
등록주소   서울시 송파구 백제고분로27길12 (삼전동)
전   화   (02)2203-2739
팩   스   (02)2203-2738
이 메 일   ccm2you@gmail.com
홈페이지   www.ccm2u.com